大展好書　好書大展
品嘗好書　冠群可期

大展好書　好書大展
品嘗好書　冠群可期

仙道冥想法

（潛在意識與心的開發）

鍾文訓 編譯
陸　明 整理

品冠文化出版社

本書原名《仙人冥想法》已售罄多年，應眾多讀者的要求，再敦請陸明先生重新整理修改，企盼對舊雨新知有所助益。

序　言

仙道和印度的瑜伽一樣，是東方之謎，且是智慧的根源，其世界實在是高深莫測。由於它非常難理解，至今幾乎都是以哲學或宗教的立場來處理它。

近年來，由於中國醫學和太極拳的流行熱潮，以致仙道修養法也逐漸受到一般人的矚目。

在這個時期，我也出版過有關仙道的入門書。其內容比過去所出版的同類書籍更具體，而且說明也較適合現代人，因此，獲得許多讀者的共鳴（《超級仙術入門》、《仙人成仙術》、《仙人長生不老學》等）。

但它所描述的範圍是屬於仙道中的命功（肉體和氣的鍛鍊），從整個仙道看來，這只不過是單方向的範圍而已，遲早會發現其內容的不足。

因此，我就在《仙人長生不老學》中，將不足的另一個範圍——性功

（潛在意識與心的開發），藉助現代科學來加以說明。

由於以前從未作過這種嘗試，以致於過分偏重於理論，而沒有詳細的陳述實踐的方法。

因此，本書是補充前著作的不足部分，使它更趨完整。換言之，本書充分的活用了前著所獲得的成果，並且增添深奧的修養部分，而以其他的書籍所無法模仿的簡單又詳細的方式來加以說明。

本書是以性功（潛在意識與心的開發）為對象，因此才稱之為冥想法。但嚴格說來，仙道的性功和普通的冥想法是不同的。因為仙道的性功雖然也是冥想法，但它並不是以心或意識這種常人完全無法抓到的東西來作為修養的對象，而是充分的利用命功或中醫學、太極拳等所使用的「氣」的物理作用。

此外，丹光（瑜伽所謂的查克拉）等出現在身體內側的光，也可作為了解心或意識作用的具體目標。

當然這種東西，一般人可能會認為它一點也不具體。自古所流傳下來的方法是，只強調其神秘的一面，因此，沒有相當的努力根本無法抓住它，即使抓到了也無法辨別其真偽。

因此，本書除參考實際利用「氣」來治病的中醫學，以及推倒對手的太極拳等物理上「氣」的作用過程外，更以現代科學加以充分的分析。

無論閱讀過任何哲學或宗教的書籍，也無法了解這個仙道世界的巧妙，只有實踐，才是能夠親自抓住它的唯一方法。因進入其中而得到的肉體或精神上的最佳狀態，以及仙幻世界的美妙程度，實為現實的快樂所無法比擬。

總之，我認為我已經將數千年來被秘傳的仙道真髓，以簡單又具體的說明公諸於世。

目錄

第二章　仙道昆達利尼冥想法……五一

第一章

仙道冥想法

正式的冥想法過程

現在請各位閉上眼睛。相信你一定會頓覺眼前一片黑暗。但是，若以閉起的眼睛來看黑暗時，你就會感覺到那並不是一種完全的黑暗。如果你所處的房間內很明亮，你雖然閉上眼睛也會感覺眼前很明亮。

若是在真正的暗室內又會如何呢？由於室內一點光線也沒有，你一定認為什麼也看不見，其實不然。

當然，大部分的人都只能看到一片黑暗而已。但是，請仔細的看一看，你一定會感覺到黑暗的空間中，有瞬間性的明亮點在剎那間消失，也有些人會看到朦朧光輝的光塊。

自古以來，印度的瑜伽或中國的仙道，就是以開發這個光作為進入不可思議世界的線索。

那究竟是怎樣的一個世界呢？那個世界和我們夢中的世界，或是服用迷幻藥之後所進入的世界很相似。

但是，它和幻覺或夢中的世界絕對不同是，它會成為一種實在的現象，亦即所謂的超能力的一種。

最近，超能力也可以用科學來加以解釋，不再完全屬於謎的範圍。仙道目前尚未被世人充分的了解，但是對於物質文明、管理社會感到疲倦的歐美人士，早就嘗試過瑜伽，目前更擴展到全世界。而歐美人更是喜歡其中的冥想法，這對於他們幾乎被文明社會壓垮的精神而言，已經成為最佳的特效藥。

如今，連精神科和心理科醫生也鼓勵將冥想法運用於治療上。市面上也陸陸續續的出現所謂的冥想法道場，參加的對象都是因壓力而精神上受到侵害的薪水階級或學生。若以冥想法的立場而言，這實在是一種非常可喜的現象。因為，原本被認為只適合於老年人，而受一般人敬而遠之的冥想法，如今大家都對它抱持關心的態度。但若以冥想法的真正精神而言，這也有負面的影響。

本來，冥想法是為了引出人類所擁有肉體和精神的潛能的一種方法。無論是釋迦牟尼或基督，在他們所引出的「悟」的背後，都有全身全靈的打入冥想法的事實。

但是，一般道場的指導者都認為，只要教導對解除壓力有速效的部分即可，而輕易的略過深奧的部分。

當然，被指導的人也認為這樣比較省時而表示歡迎。因此，雖說是冥想法，卻也出現了和打瞌睡沒有二樣的放鬆型。當然，這對解除壓力和安定精神確實有幫助，所以絕對不是壞事。

只是這種方法，無論修練多久也產生不了更多的效果。或許就是因為這個緣故，最近有人逐漸對此類冥想法感到厭膩，開始想要追尋更深奧的冥想法。

有許多人曾經學過數年或數十年的禪、健康瑜伽、內觀法、醫學式冥想法等。據他們表示，雖然學習這些東西已有數年，但除了身體輕鬆之外並未產生其他的效果，因此，想要嘗試比它更有效的體驗。所謂更有效的體驗，就是在本道場的冥想瑜伽中可得到的神秘體驗。

我曾經前往台灣學過中國的仙道。它和瑜伽在表面上並不相同，但其修行的方法卻有驚人的相似點，所獲得的神秘體驗也很相似，而目的更是完全相同。

我起先只學習仙道而已，當修行的進步停止時，我突然使用瑜伽的冥想法，結果使我快速的進入仙道的上階段，因此以後我就二者揉合並用。結果我體會出，在所謂的神秘體驗中，想要開發物理性的感覺時，使用仙道比較快速，若要開發精神性的感覺，則以瑜伽比較有效。

除此之外，我早就對仙道的同伴——中醫學，感興趣並加以研究，想就醫學理論解釋這種神秘的體驗。

從近代醫學的眼光來看，中醫學本身仍然有許多神秘面，所以，若想要原封不動的對仙道做醫學上的解釋是不可能的。

目前除了中國之外，日本、歐美的研究，大體上也能夠對以往一直被當作是謎的「氣」、「經絡」、「人體的穴道」等的實體做科學性的解釋。

成為這些的生理學上根據是，

正在冥想的濕婆神

人體的自律神經或內分泌的功能。奇怪的是，這些也和推行冥想法的精神科或心理醫生拿來當作對象的領域一致。而且也與追求肉體和精神潛能的瑜伽，或仙道的冥想法立場一致。

不可思議的是，在施行瑜伽中，竟然有些人能夠使心跳停止或自由的控制胃的作用。本來這些部分是不能以人的意識來控制其活動的，但實際上那些人卻可以做到。對這一點非常感興趣的歐美科學家，曾作過各式各樣的檢查，結果發現本來應該無法依照意識來活動的自律神經或內分泌，卻能夠依照瑜伽的意識活動。同時，他們也發現這些地方會發生強烈的能量。

美、俄二國也在研究這種發自人體的能量，他們發現超能力者在發揮其力量時，這種能量特別的強烈。由此人們才知道身體和環繞著它的空間中有強烈的能量場存在。

關於這點，日本的內田秀男博士曾製造可以測量「歐拉」（Aura，氣場）的裝置。所謂的「歐拉」，是指瑜伽所說的覆蓋在人體周圍的能量層。其顏色和形態，會因個人的精神或肉體的狀態而做各式各樣的變化。在俄羅斯也有一位名叫基爾利安的技師，因製造能夠看見「歐拉」的裝置而引起議論。

因為「歐拉」能立刻顯示出人的精神和肉體的變化，所以人們才知道它會把神經系統的作用老老實實的表現出來。根據基爾利安的裝置，連疾病的狀態也能夠一覽無遺。而且除了目前的發病狀態之外，它甚至也能夠預知將來可能發病的狀態。最近的醫學證實，疾病是自律神經的作用異常，在肉體上所出現的一種反應，所以這種裝置顯示的結果，大體上是正確的。

除了「歐拉」之外，在瑜伽方面，進入深層冥想狀態時，可以在體內的深處看見所謂的「查克拉」（chakra 梵語，在印度瑜伽的觀念中，指分佈於人體各部位的能量中樞。中文譯為脈輪或氣卦。）的各種光。能夠看見那些光的附近身體部分，就可以靠意識來自由控制。

前述能夠停止心跳或自由控制胃作用的人，就是能夠開發「光」的人。瑜伽之所以能夠預知疾病或只靠意識就能將疾病治癒，即因為它能夠活動查克拉或調整人體的能量場。

這個人體的能量場，在仙道上稱為「氣」，可以使用某種方法來感覺，讓它沿著背骨上升到頭部，然後由身體的前面下降運行一周。這一周稱為「小周天」，是仙道的最基本修行法。

每天讓「氣」運行一周，然後停留在身體的幾個重要部位做名叫「溫養」的冥想法。如果長期施行，就和瑜伽一樣，可以在身體的內部深處看見光。

在瑜伽也有這種將氣提升到頭部的修行法，稱為「昆達利尼」（kundalini 靈量——體內沉睡的能量）的開發法。但它不同於仙道，不在身體中循環，只是提升到頭部後就依照原路返回，如此的反覆著。

關於這二種修行法，依我的體驗來說，仙道方法比較容易開發，使用古時的方法約需要一～三個月的時間，如果是使用我所開發的新方法，則只需數日，也有的人只需一天就能做到。瑜伽的「昆達利尼」開發法，則需花費數年至數十年的時間。所以，二者有天壤之別。

仙道方法之所以比較容易開發，是因為它使用中國醫學的經絡或穴道，並且充分把握「氣」的性質，從醫學上來施行這種修行法。在小周天最重視修行者的體質、熱量（能量）、神經系的敏感度，這和完全依賴精神的瑜伽有很大的差異。當然，也有人比較適合瑜伽，但是，對於精神上無法做到的凡人而言，因為仙道的方法較接近物理性，的確比較容易做到。

總之，無論利用瑜伽或仙道，只要使用這些修行法所開發出來的「氣」或光的作用，就一定可以進入夢中或自己的心中，對普通人而言，甚至可以和存在於未知世界的靈魂等接觸。非但如此，而且亦可達到被古聖賢當作目標的「悟」的境地或宇宙的本質。

這種驚人又深奧的冥想法，其第一步還是要從閉目靜坐開始。由此意義看來，它和放鬆型的冥想法並無不同。那麼，為什麼其中之一能夠進入無限的深處，而另一個則毫無意義的停留在同一階段，再也無法向前邁進一步呢？那是因為它們的心理準備不同。

瑜伽或仙道的冥想法是，要確實的承認出現在其眼前的一切事物，並儘量研究應該如何利用它。而放鬆型的冥想法，大部分都只是使用對自己較方便或可以理解範圍內的來做修行。對於不了解的則加以排斥，害怕失敗，缺乏冒險心或探求心。

如前所述，冥想就是潛能的追求。因其對象是精神世界，所以如果精神上萎縮就什麼也做不到。本來，精神和肉體都是超乎人的想像而自由的存在著。能將它破壞的是，把只能在大腦少部分地方施行的意識活動錯覺為大智的精神。本來，人類所擁有的精神活動是超乎想像的深奧又無涯。

近年來，人類的科學文明突飛猛進，但由於管理化和速度化，以致人們的精神生活不如往昔寬裕。此外，交通和經濟的發達也使世界變得更狹窄，讓人們完全失去夢想。

最近，不分年齡的自殺和精神異常者有逐漸增加的傾向，這證明其精神已到了末路。

有許多人雖未達末途，但卻因壓力的不明怪病而苦惱。現代的醫院中，充滿著這樣的病人。前所未聞的各種新病名不斷的出現，使我們在醫學上感到無知而吃驚。

此外，這數年來的氣象異常，似乎可以認為是天候受到壓力侵害的一種現象。有人認為這可能是地球將發生大異變的前兆而憂心忡忡，甚至斷言人類即將因此而滅亡。人們在精神上已經無法應付，而變得對芝麻大的小事也憂心如焚。

據科學家表示，這種的氣候異變，在人類出現於地球以後已發生過數次。進入文明時代後，有記錄可考的也相當多。雖然人類曾因此遭受各種災害，但是都能突破逆境。

與其說這一次人類即將面臨滅亡的危機，不如說是精神上和肉體上已經不再寬裕。不幸的事並不止如此，現代人由於一切都很便利而減少使用身體的機會，肉體上也變得缺乏耐力。此外，從各種條件加以考慮，人類的末日即將來臨似乎也並非全無根據。

由此意義看來，冥想法真是愈來愈重要了。但若只是放鬆型的冥想法，則面臨比目前還大的自然性、社會性的打擊時，究竟能否以現在的精神來克服它，這實在令人懷疑。如果沒有能夠自由的控制精神世界，並且也能將肉體置於其範圍下的仙道或瑜伽的冥想法，則很難突破這激烈的變化。

由於我曾修行過仙道，所以就將它放在本書冥想法的中心，而將瑜伽修業法的精華部分次之。此外，在自修這種高深的冥想法時，往往會將不重要的事情錯覺為神秘體驗，結果迷惑而發生精神異常，為了防止這種現象發生，本書的內容都以科學和醫學的觀點來說明。

我已在前著中說明了仙道的大要，唯有一點令我感覺不足的就是冥想法。在仙道中，氣（生命力）的鍛鍊稱為「命功」，意識的提高稱為「性功」，二者缺一不可。因此，仙道的別名為「性命雙修法」。

這個「性功」就是本書所說的仙人冥想法。

我也曾經在前幾本書中詳述小周天的提高方法，但由於這幾年來我對氣的發生法、上升法進行過研究，所以我將在本書中介紹利用新方法的小周天。使用這個新方法，以前需要花費一～數個月的小周天，只需數日即可練成。

素質聰慧者，甚至只要一天就能練成。實際上，經作者指導過的人之中，有人使用這種新的小周天修行法，只花費一天的時間就能使陽氣運行一周。關於這點，本書稱為「仙道昆達利尼冥想法」。

但願讀者都能利用這個仙人冥想法來引出你的潛能，那麼，本人將感到十分欣慰。

利用肉體習慣的冥想法

無論是那一種冥想法，在其深奧的方面都會有幾個階段。關於這一點，由於最近的腦波研究很進步而可以得到證明。最簡單的冥想狀態，可以看見α波。這是閉目保持輕鬆的一種狀態。如果這時候在想某些事，就會變成β波。睜開眼睛時也是一樣。

此外，深的冥想是會出現θ波。嬰兒、幼兒安心的躺在母親的懷抱，或是大人正在作夢時就會出現這種波。僧侶的修行變深時，也會進入這種狀態。

最深的冥想是，可以看見δ波。這只有在普通人沒有作夢的熟睡狀態才會出現。仙道或瑜伽的熟練者，即使進入這種狀態，其意識依舊很清楚。

完全沒有冥想的人，起床時腦波會分散，身心顯得十分不調和。普通，這個腦波愈舒暢則表示其身體愈暢快。例如，α波在一秒鐘中可以看見八～十二次，β波在一秒鐘可以看見十三次以上，θ波在一秒鐘可以看見四～七次，δ波在一秒鐘可以看見〇・五～三次。這完全適合於睡眠狀態。睡眠之謎在以後還會詳細說明。總之，只要將冥想法完全學會，不久之後就可以控制自己的意識和肉體。

本書把這個冥想法分成幾個階段來說明其要領和運用法。仙道或「昆達利尼」瑜伽的冥想法，是以明顯的肉體感覺也能同時得到為目標，所以，與其他的只靠腦波的狀態來推想其深度的冥想法的分法不同。

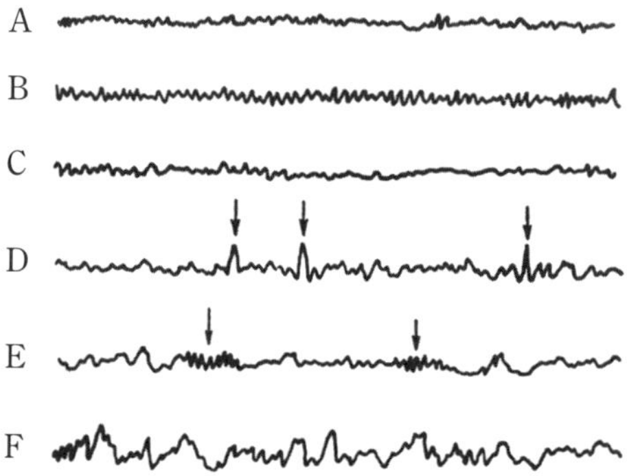

意識的狀態和腦波的型態
A：眼睛睜開時，B：閉目時，
C：似睡非睡時，D：輕的睡眠，
E：中度的睡眠，F：深度的睡眠。

大體上，從可以開發的部分到表層、深層（都是指意識）的各冥想法，以及將這二個連接起來，可以和外界接觸的氣（瑜伽所謂的昆達利尼）的開發冥想法也都要獨立。其鍛鍊的方法是，從表層冥想法進入，開發氣，然後再進入深層冥想法，但這並非一定要遵守此順序，而是最好能從進行中自然而然的依照順序進行。

在進行中就會得到各種能力，但超感覺這種東西，除非開發「氣」否則就無法得到。然而，使用仙道的方法即可抓到，而且快的話只需瞬間即可抓到。但若是想要成為真正的仙道，則必須花費某程度的時間，而這除了利用冥想法來加強外，別無他途。

一般任何冥想法都會說：「舒暢的坐下。」但是，一開始就能做到這一點的人，必定是身心都很健康的人，普通人在靜坐的當中，始終被空想和妄想所迷惑而無法專心的冥想。但是，長期持續下去時，就自然而然的容易進入冥想狀態。像幼兒或睡眠時，身心都處於很安心的狀態，人們就會什麼都不想的進入似睡非睡的狀態。

冥想並非睡眠，所以若是完全失去意識，則任何事都無法做成，但只要不是睡眠狀態而是下意識所製造的狀態即可。

那麼，要如何才能進入這種狀態呢？其答案很簡單，開始只要使用肉體的習慣來進入狀態即可。牢記那種感覺在心中再生，不論什麼時候都可以進入這個狀態。具體而言，就是要讓房間保持黑暗，斷絕聲音或一定波動的聲音侵入，或是注意冷暖氣的調整，以免肉體受到外氣的影響而緊張。換言之，就是不要給予肉體有過分的感覺。

當然，睡眠不足或過分勞累時會睡著，所以事先一定要充分的休息。如果這樣依舊感到焦躁不安而意識無法集中，最好利用修爾茲的自律訓練法。這是催眠術的一種，自我暗示手很沈重、腳很沈重，而導入放鬆的狀態。

這種方法雖然有效，但是對於頑固身心的緊張則無速效性。換言之，若要作得很順利，則必須花費相當的時間。

最具速效性的是，瑜伽的姿勢。因為仙道或瑜伽都和土著醫學有密切的關係，所以會有顯著的效果。但是，瑜伽的姿勢大多比較困難，因而比起仙道來較不適合初學者。在此，我將不拘泥於那些固定的姿勢，提出初學者也能做到的動作。

肌肉僵硬只是純粹的問題，而內臟異常則一定會伴隨著肌肉僵硬，所以首先應該將二者視為相同者考慮，來施行按摩。其方法是，以手掌輕輕的接觸僵硬的皮膚，快速的作前後運動。其目標是熱的發生，等到患部會癢時就停止。按摩

時，手掌不可用力的摩擦皮膚，以免皮膚受到擦傷。

如果患部在背後，自己無法施行時可以請人代為按摩。內臟有毛病時，會在背部的相同位置出現僵硬的現象。

此外，姿勢不良的人，有時是因骨骼彎曲造成的，所以如果身體傾向左右一邊時，只要向相反的方向彎曲即可。身體向前彎曲時，當然必須向後彎曲來加以矯正。最近，薪水階級的人數增多，所以有這種異常的人也增加不少。

此外，容易頭暈或胃、背部疼痛，大部分都是這個原因，所以平常一有空就應該反覆的讓身體向相反的方向彎曲，就會簡單的治好那些毛病。

因運動不足而讓熱容易集中在頭部的人，最好多作一些手足的運動。

現在我來介紹幾種簡單的運動。一是伏地挺身，二是慢跑，三是雙手用力握拳再放鬆的運動，四是，雙手平舉，兩腳張開與肩同寬，作上下的蹲立運動（如前頁圖）。

這些運動都要適可而止，尤其是慢跑，如果運動過度，很容易疲倦，而經常在冥想中打瞌睡。

現代人的眼睛經常使用過度，以致眼睛無法獲得充分的休息。在人類所使用的感覺器官中，最過度使用的就是眼睛和耳朵，約佔八十％。而其中又以眼睛為甚，難怪眼睛要感到疲勞。

眼睛因疲勞而興奮時，所發出的信號不斷的傳到大腦加以刺激，以致人感到焦躁不安。其治療的方法是，以手指好好的按摩眼睛周圍，然後讓眼睛作上、下、左、右的運動。最後，將手指放在眼皮上，輕輕的壓眼球。

有些人在這時候，手、腳的末端變得溫溫的。在冥想中，突然想起某件事而使意識無法集中時，請試著閉上雙眼，讓眼皮的肌肉稍微的做上下運動，則空想和妄想立刻消失。

此外，將上下顎的牙齒咔咔的咬合也有效。如果這些動作依舊無效，可以在進入冥想前，以沾冷水的毛巾敷貼眼睛，或將冰枕放在頭頂上。如果這時手腳會發冷，應先給予保暖。有時候只這樣做，頭腦就會覺得很清醒。

平常精神容易緊張的人，光這樣做並無法冥想。此時則閉上眼睛來尋找臉部的緊張部位。這當然不是用手去尋找，而是憑臉部的感覺。大體上，人的臉部表情和心的活動有密切的關係，高興時肌肉鬆弛，擔憂或發怒時肌肉會緊張。悲傷、恐懼、高興時，臉部的表情有微妙的差異，各有獨特的肌肉狀態。仙道或瑜伽的冥想法，即要好好的記住自己臉部的狀態來加以利用。

例如，冥想中因為想到某件事而無法集中意識時，臉部的肌肉狀態一定會很緊張。若是很快的使它放鬆，焦躁不安即同時消失。當然，焦躁不安只是瞬間性的消失而已，還要不斷的讓它放鬆，這樣就會在不知不覺中進入冥想狀態。等到習慣以後，只要放鬆一下，壓力就完全解消。

意識性的想像愉快時的臉部狀態，且刻意作出來。這時，心情也變得很愉快而容易冥想。

當然，內心本身也要意識性的想像快樂時的感覺而變得很愉快。對人類而言，最大的快樂乃是溫暖的感覺。

最好想像胸中有溫暖的東西或是整個身體都被溫暖的東西包住。房間也得保持溫暖，並且最好是坐在鬆軟的東西上面。

大部分的人只這樣做就能輕鬆的進入冥想狀態。但是在開始時，如果沒有某種東西當意識集中的對象，就比較不容易進入冥想狀態。所以，可將意識集中於數數字、呼吸、想某種東西（蘋果或書本均可），或在冥想前先看一看某種東西。但對象太多也不好，例如以蘋果為對象，可以想紅蘋果、青蘋果、梨山蘋果、昨天買的蘋果的價格……等，意識絕不可離開蘋果。但若過分拘泥而陷入緊張反而不好。所以，只要輕鬆的集中意識即可。

我個人是鼓勵大家將意識集中在呼吸，這樣意識就不會偏離到奇怪的事情上。作法很簡單，從鼻子緩緩的吸入空氣，然後由口中緩緩的吐出。吸氣和吐氣的比例是一：二，愈慢愈好。

其秘訣是，吸氣時儘量吸入下腹，吐氣時也儘量吐到下腹凹陷為止。吸氣時，意識要隨著吸入的氣置於下腹，吐氣時則隨之上升。吸氣時讓上體稍微向前傾，吐氣時稍微往後仰，則產生像鳥兒自由翱翔般的意識而感到很愉快。

利用這種肉體習慣的冥想法，可先施行二十～三十分鐘，等到習慣後，延長為一個小時左右較佳。完全習慣而不再對冥想感到痛苦時，可以進入下一個表層冥想法。當然，一開始就不會對冥想感到痛苦的人，是可以跳過這一步直接進入表層冥想法。

以上，簡言之就是冥想法的準備期。而且，所說明的方法也對失眠症有效，每天不間斷的施行之後，會不知不覺變得很容易入眠。

任何人都會的表層冥想法

表層冥想法就是心理學所說的表層意識（亦即我們經常意識到的意識）。

這也可以認為是其他冥想法所說的，能夠看見α波狀態的冥想。能夠看見θ波或δ波的冥想狀態，是和深層（潛在）意識或更深的意識有關係，所以別名為深層冥想法。

表層冥想法的目的，是使身體完全放鬆，容易引出人本來就擁有的潛能。當然，這種潛能是極為常識性的潛能，它比完全學會深層冥想法而得到的超感覺更不成問題。

它也能使頭腦更聰明、治好失眠症、消除疲勞。尤其對日常生活中，遠離壓力最有幫助，單憑這，就值得充分學習。

但若只是這些效果，使用其他的冥想法也能充分獲得。仙道冥想法和其他冥想法，根本上的不同點是，前者可以因體質而施行二種完全相反的冥想法。

這點和中醫學對疾病的看法相同，也是因體質而改變藥物。換言之，這樣就能加深對肉體和冥想法的觀察力。

具體上，身體因壓力而處於興奮狀態的人，要像其他冥想法一樣的施行放鬆法；因運動不足或長期的疾病以致身體的功能衰退者，就要使用能使血氣旺盛的方法來施行冥想。

放鬆式冥想的禪或其他冥想法，雖然對平常很緊張又積極的人有效，但是對於缺乏元氣者則毫無效果。那些很緊張又積極的人，年齡增長之後，肉體上會有不快感而變得無法冥想。有些人長期的施行禪或其他冥想法，在年老後變得不容易冥想，我調查後發現，大部分都是因老化而造成的。

為何老化會使人變得不容易冥想呢？其答案很簡單。從正常的肉體狀態來說，老化就是一種疾病性的狀態，近似衰退性的疾病。處於這種狀態的人，若是施行對亢進性的疾病或解除壓力有效的冥想法，反使身體更加衰弱而無法冥想。

一般指導冥想法的人，都沒有察覺到這一點。仙道很了解中醫學，所以對這一方面特別的關心。施行生命活動有一點很重要，即氣（能量）的陰陽均衡，如果它失去均衡，會對身體造成傷害。冥想法的傷害比健康法或藥物少，有時候也會完全失去效果。

由以上看來，我們可以知道仙道冥想法大體上和醫學有關。

表層冥想法中，有一種和其他冥想法一樣的弛緩型，以及相反的集中型。弛緩型的冥想法，最好由容易興奮，平常較好動、有元氣、因壓力而感到焦躁不安的人來施行。集中型冥想法，最好由平常運動不足、老年人、沒有元氣、血液循環不良而容易頭暈、第一次進入冥想而不容易集中意識的人施行。從醫學上來說，弛緩型加強副交感神經的作用，而集中型則提升交感神經的作用。

重要的是，始終一定要保持均衡。長期施行若發現體質有所改變時，就要改用相反的方式來保持均衡，否則會失去冥想的效果。

我們先來說明集中型，然後再進入弛緩型。

集中型的效果，仙道的原典上所寫的是：「能使氣流暢，消除瘀血。」施行集中型時，最重視的就是呼吸。普通的呼吸為胸式呼吸，是用胸部來呼吸。這種呼吸既淺又短，重心容易落在上半身，對末端或腹部、頭部的血液循環有不良的影響，也容易成為疾病的原因。集中型，就是為了要意識性的除去這種狀態。使用腹式呼吸，可以依照其方式和效果分成數種。

關於其整體的內容，在後面「仙道昆達利尼冥想法」的部分再詳細說明，在此只介紹目前即刻需要的東西。

這種呼吸法在仙道稱為「調息」，為各種腹式呼吸的基礎。

方法是，先從口中長長的吐氣，然後儘量將氣吸入下腹使它鼓起。這時候，肛門的括約肌也要用力縮緊來提肛。充分而緩慢的吸氣，然後一邊吐氣一邊讓下腹凹陷，同時肛門也要放鬆。吸、吐氣就依照這個方法繼續做下去。

意識如前所述，吸氣時要慢慢的集中在下腹，吐氣時慢慢的向口集中。

施行暫時的調息，等到對呼吸法完全不會感到痛苦再加上「停氣」的動作。停氣是加在吸氣之後，這時候，鼓起的下腹和縮緊的肛門都要保持原狀，將意識強置於下腹，停止的時間愈長愈好。如果施行得法，下腹會感覺有股熱氣，這時就可以接著進入「仙道昆達利尼冥想法」，嘗到非常有趣的體驗。

這個呼吸法在仙道稱為「武火呼吸」，別名為「調息」，使用於氣（能量）的發生。普通人施行，身體的血液循環會良好，新陳代謝活潑，疾病迅速痊癒。沒有元氣的人，也很快的變成有元氣。

其缺點是，精力過分耗盡。例如，年輕人會過分頻繁的遺精，而且精神太充沛時易衝動。所以，萬一感到精力過盛或焦躁不安時，最好敢採弛緩型或「仙道昆達利尼冥想法」。

弛緩型通常並不太注重呼吸，只要順其自然即可。但是，開始冥想時不容易穩定的人，最好能暫時的施行調息。不過，吐氣的時間要比吸氣長，而要注意讓下腹凹陷。換言之，不必注意下腹的鼓起，也不必作肛門縮緊和放鬆的動作。吸氣和吐氣的比例，一般是一：二，如果能力可及，一：三較為理想。

上半身也要比集中型更放鬆力量。雙手最好自然下垂，意識不要放在呼吸上面，而用下面說明的方法慢慢調節。視你能否調節意識，其結果亦有所不同，但大體上只要施行十五～二十分鐘即可。

關於意識的集中法，無論是否調息，都應該在一開始就依照下面的方法來施行。首先把眼睛閉上，注視眼皮的裏面。起初因為黑暗不容易凝視，因此在閉目之前，可以先將手指放在離眼睛數十公分遠的地方，把意識集中在那裏，然後再慢慢的閉上雙眼。閉目之後，意識要繼續集中在手指處。

等到習慣後，意識不必集中在手指也能夠直接看見眼皮的裏面。能夠做到這種程度，不久就能在黑暗中看見光點，如果外面很明亮時，也可以透過閉起的眼

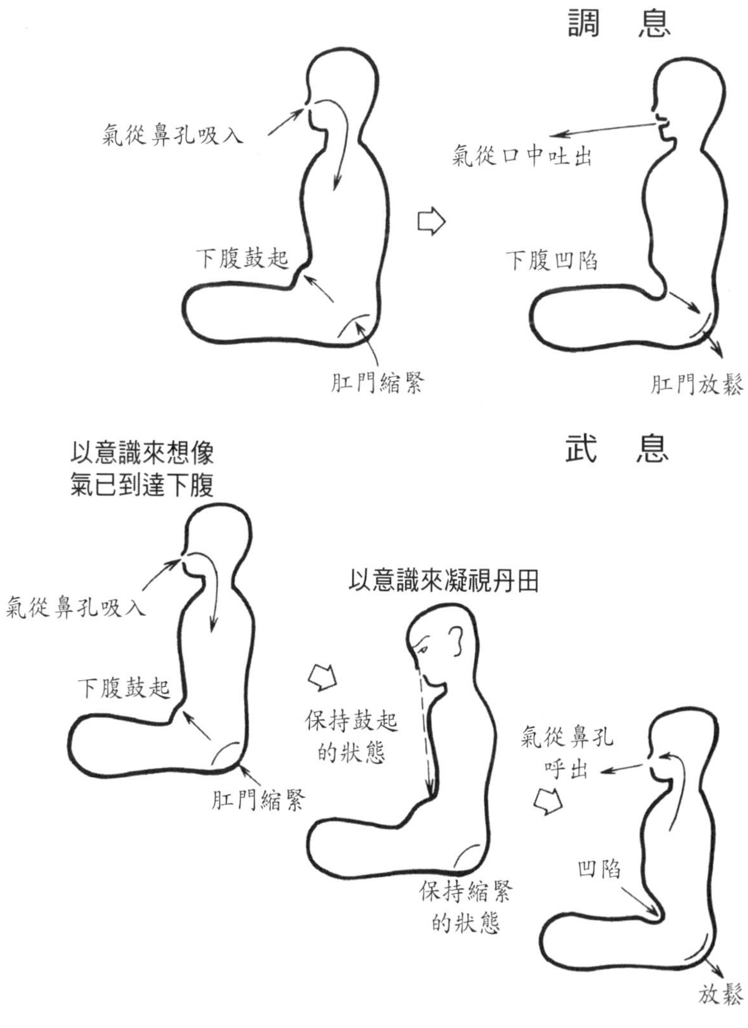
調　息
氣從鼻孔吸入
下腹鼓起
肛門縮緊
氣從口中吐出
下腹凹陷
肛門放鬆
武　息
以意識來想像
氣已到達下腹
氣從鼻孔吸入
下腹鼓起
肛門縮緊
以意識來凝視丹田
保持鼓起
的狀態
保持縮緊
的狀態
氣從鼻孔
呼出
凹陷
放鬆

皮感受到其亮度。

但是，習慣之後也會產生各式各樣的空想或妄想，所以，當空想或妄想浮現時，可依照前述的方法，動一動閉目的眼皮，或是讓上下顎的牙齒咔咔的咬合。不必刻意的想要阻止妄想浮現，讓它自由的浮現。

若想勉強的加以制止，反而會變得更嚴重。所以，只要把它當作是他人的事般，以呆滯的心來觀看浮現的事物即可。最好的方法是，在空想或妄想浮現時，利用動一動眼皮或咬合上下顎的牙齒來讓它消失。

不久之後頭腦會覺得很清醒，什麼事也不想。到了這個地步就可以放心了，意識不只集中在眼皮裏面，也要試著放在周圍的空間。

起先只放在一點也可以，但不要忘記慢慢的擴大範圍，用全身去感覺自己的周圍。能完全做到時，全身會感覺輕飄飄。長期施行，就會感覺自己像溶入空間一般，感覺和性格都變得很敏銳。

當然，頭腦始終都感到很清醒，思考力、判斷力、記憶力也大增。最大的優點是，能夠解除睡眠不足和壓力。當你感到很疲倦時，請試做十分鐘，一定會讓你立刻恢復元氣。

由於體質的關係，有些人最好不要把意識放在眼皮裏面。高血壓、容易焦躁不安、頭暈或下半身不穩的老年人等，就是屬於這種體質。這些人，即使稍微把意識放在頭部，有時反而產生不良的影響。當然這種情形因人而異，但還是把意識放在胸部或下腹部為佳。如果這樣也不行，最好把意識放在腳底或腳趾。

有歇斯底里傾向或患有嚴重高血壓的人，把意識持續的放在這個部位時，一定會痊癒。但是，心情一定要保持平靜，若心情狂亂，就無法獲得效果。

意識的集中法，剛開始要很強，等到習慣後再慢慢的放輕。最好是能以心不在焉的方式將意識放下，所以，全身的力量一定要完全放鬆。若是有往後傾倒的顧慮，也可以事先在背後放置可依靠的東西。不容易放下意識的人，最好保持閉目或是臉部向下凝視那些部位。習慣後，頭部當然要保持直立，臉部也要朝向正前方，只有意識集中在那個地方。

患有失眠症的人，除了要好好的活動手腳的末端並加以保溫之外，要試將意識集中在眼皮內或胸部、下腹、腳底等。這樣，一定會發現適合自己治療失眠症的部位。

無論任何場所，都要集中意識來冥想，直到摒除空想和妄想的苦惱時，再作更深的冥想。不久，就進入意識很清楚而毫無雜念的狀態。此時，要把意識脫離過去所集中的地方，而以意識不集中在任何地方的方式冥想。

最好稍微假裝心不在焉，想像自己被某種東西包住一般。能做到這地步，表層冥想法的弛緩型就算完成了，接著可以進入深層冥想法，或是改為集中型來施行「仙道昆達利尼冥想法」。

冥想時的坐法

禪或瑜伽都有相當嚴格的坐法。仙道冥想法比較自由，只要依照自己的喜好坐即可。但是在冥想中身體必須始終保持均衡。

具體而言，就是指姿勢不可往任何方向傾斜。萬一傾斜，某一邊的力量就會增加，而無法作長時間的冥想。即使能夠冥想，其歪斜也就愈來愈大，不久之後

單盤膝

自然盤膝

會變成疾病的原因。

由於坐法很自由，大家或許認為沒有說明的必要，但是，剛開始施行冥想的人，如果叫他隨便坐，他一定有不安感，因此，還是要大致的說明一下。要冥想的人，可以從下列幾種方法中，選擇自己最喜歡的坐法。

各種坐法之中，最普遍的就是盤坐，這對東方人而言應該是輕而易舉，在仙道中稱為「自然盤膝」，只要將二腳交叉就可以冥想數小時。但其缺點是，背肌變得不緊張，肩膀會下垂，所以要特別注意。

其次是，盤坐把一邊的腳置於另一腳的大腿上的坐法。這在仙道稱為「單盤膝」，在禪稱為半坐，在瑜伽稱為「斯瓦奇卡・阿沙那」，較適合於初學者。這是比較安定的坐法，習慣時很快就能進入冥想狀態。其缺點是，放在大腿上面的腳容易麻木，而且一邊的肩膀容易下垂。為了彌補這些缺點，最好是常換腳，或坐在坐墊上。

單盤膝，是把一腳放在另一腳的大腿上，如果再把下面的腳也放在另一腳的大腿上，則變成「雙盤膝」。這在禪稱為「結跏趺坐」，在瑜伽稱為「帕德瑪・阿沙那」。這是最安定的坐法，但是二腳的麻木也最利害，可能無法持續一個小時，所以只適合已經相當習慣的人。

其姿勢，最好是背肌能伸直，肩膀也不會有一邊垂下。但是這樣，全身會有稍微往後傾的感覺，所以最好坐在坐墊上以保持安定。

除了上述三種坐法之外，還有一種就是日本人最常用的正坐，仙道稱為「端坐」。在禪中，是初學者常用的坐法。其姿勢的安定有如雙盤膝，以冥想中不會擔心姿勢的為佳。但這和雙盤膝一樣，腳容易麻木，不習慣的人坐不到一小時就會投降（參照下頁圖）。

此外，不習慣坐在床上或榻榻米上的中國人最常用的坐法稱為「坐式」。其

端　坐

雙盤膝

仰臥式

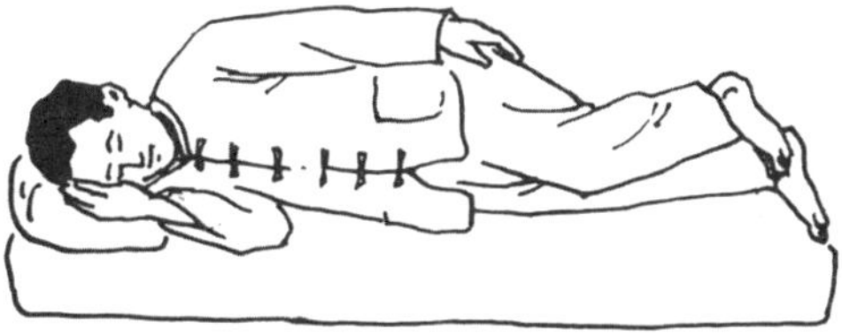

側臥式

坐　式

方法很簡單，只是坐在椅子上而已。這是腳部最沒有負擔的坐法，只要鋪上坐墊，就可持續坐上好幾個鐘頭。

但是，施行集中型冥想的人，要避免使用太寬敞的椅子，否則身體會過分遲緩而無法集中意識。椅子最好是使用硬一點，而且有直的椅背。坐的時候將背部靠近椅背使背肌伸直。

以上都是集中型和弛緩型通用的坐法，其次要介紹的是弛緩型專用的坐法。弛緩型專用的坐法中，最普遍的就是胎兒型。其方法是，坐下後二膝豎立，以雙手輕輕的將它抱住。全身的力量放鬆，以模糊的意識來冥想。如果背部能靠著牆壁會更加安定。

其次是後仰型，這要使用寬敞的沙發或椅子。手腳保持自然的姿勢，脖子稍微向前或向後。患有失眠症的人以後仰型的效果較佳。吸氣時什麼都不要想，吐氣時才讓意識隨著氣由口中緩緩吐出，吐氣的時間愈長愈好。多多少少讓下腹凹陷下去比較能夠順利做到。一般而言，坐在沙發上，腳要像坐式；坐在椅子上，腳最好像盤坐一樣伸展。

可能大家會懷疑這也算坐法嗎？其實最極端的後仰型就會變成仙道的「仰臥式」。仰臥式與其說是坐法，不如說是睡法較為正確。但是千萬不可真的睡著，無論如何，其目的還是在於冥想，所以意識一定要清楚。

這時候，腳要伸展，兩手的手掌要輕輕的貼在大腿旁。姿勢要保持輕鬆，但過分輕鬆很容易睡著，所以要特別注意。兩腳略微張開，手向外側展開，就成為瑜伽所說的「死屍的姿勢」，這比仰臥式更容易放鬆力量。

從仰臥式將身體改為側臥，就變成「側臥式」。保持這個姿勢時，下側的手會被身體壓住，所以，最好把手向前伸出而彎曲著；為了保持重心，上面的腳要稍微彎下來。這種姿勢看起來類似躺著看書的姿勢。經常習慣側臥或是一手一腳受傷的人，要施行弛緩型的冥想時，最好利用這種姿勢。這和仰臥式同樣是很輕鬆的姿勢，要注意避免睡著。

雖然仰臥式和側臥式都是弛緩冥想法的姿勢，但集中型也可以使用。患有重病的人、體力衰弱的人、老年人、體質虛弱的人，最好使用這種方法來施行集中型冥想法。

此外，中國仙道還有一種稱為「立式」的方法，主要是適合於拳術家，在此略而不談。

無論是集中型或弛緩型，都應放鬆肩膀的力量，這一點如果做不到，始終都無法使冥想更深入。

施行集中型時，如果把雙手像握手一般置於下腹，熱比較不容易跑掉而容易感覺到氣。施行弛緩型時，熱如果集中在一處反而不好，建議各位像瑜伽一樣，雙手分別輕放在膝蓋上。

關於冥想的環境，已在「利用肉體的習慣的冥想法」一節說明過，所以不再詳述。

應儘量避免會對肉體造成過度緊張的環境。冬天，室內應加以適度的暖氣，並且保持適度的通風。春、秋天應該不限於在室內冥想，偶爾在大自然中冥想也是不錯。

此外，為了避免內部的緊張，在冥想之前務必記得排便。飲食後、空腹時都不宜施行冥想。

總之，起先應依照肉體上的常識來冥想，等到習慣後，即使在人群中或寒冷的野外，都能毫無牽掛的進入深層的冥想。

和宇宙有關的深層冥想法

如果表層冥想法能夠開發常識上的意識或肉體的部分冥想法，深層冥想法就是能夠開發普通我們無法做到的部分冥想法。

目前一般施行的冥想法，除了超越冥想外，大部分的程度都和表層冥想法相同。超越冥想能包羅高階段的東西乃是當然的事，它和深層冥想法一樣，都是源自印度的瑜伽。但是，它和綜合仙道與昆達利尼瑜伽之優點的深層冥想法相比，效果就差太多了。

深層冥想法不只可以開發深層（潛在）意識，也能把充滿在宇宙中的所有波動當作感覺來感受，或是當作光來看，更可以神遊在自己的表層意識、深層意識、常人所無法了解的無意識世界中。

這並不是荒唐無稽，而是使用非常合理的生理學方法。本書的目的不在於表層冥想法，而是著重於這些意識的開發。

普通表層冥想法加深時，會自動的移入深層冥想，但實際上，大部分的人都在這個移動的階段就遭受到挫折。

在實行超越冥想的人中，能夠完全控制肉體和精神的人並不多，大部分都只能用和打盹同程度的θ波冥想就停止下來。

印度的瑜伽也是一樣，修行者對這二個階段的大差距一直感到很苦惱。為了解決這個問題，遂出現昆達利尼瑜伽，只要學會它就一定能夠輕易的進入深層冥想法。昆達利尼是潛伏在尾骶骨的能量，使它覺醒，它就會沿著背骨上升，突破頭頂而和宇宙的能量相連。以後就會擁有常人所沒有的感覺，能夠自由自在的得知物質和精神世界的本質。

仙道也能如此，唯有一點不同的就是，會在下腹產生名為「陽氣」的熱塊，經由肛門、尾骶骨，再沿著背骨進入頭部，然後又從身體的前面回到下腹，如此的環繞一周，這就是前述的小周天。

反覆施行數百次後，氣將變強，最後會像昆達利尼瑜伽一樣，通過背骨而從頭頂突出。這種狀態稱為大周天，意謂著天人合一。

表面上，仙道的過程似乎比瑜伽複雜，實際上做起來，仙道反而較簡單。這一點雖然尚未被證明，但是仙道的小周天的確是非常具體的，可說是類似運動。因為仙道和中國的經絡醫學、拳法有很密切的關係。而瑜伽完全要靠精神來完成，所以很不容易施行。

仙道只要依照方法施行二～三個月，大部分的人都能做到小周天。精力旺盛的人，只要一、二天，氣就會開始繞動。到道場學習的人，素質最佳者，頭一天就能使陽氣繞一周。大周天雖然比較困難，只要認真學習，一～二年就可學會，不像瑜伽，必須花費十六年之久才能熟練。

當然，學不成昆達利尼瑜伽，並不表示他無法做到深層冥想。不開發這種東西，有的人也能夠進入深階段的深層冥想。但是，這種人無論是否有意識，其氣一定都很清醒。

當然，這種情形是靜氣的覺醒，不會有從頭頂突出的感覺，氣只在體內靜靜的循環而已。其效果並不比急激上升型差，都可以得到相同的超感覺。

為了讓每個人都能施行深層冥想法，本書儘量作詳細的說明，並且把開發「昆達利尼」的冥想獨立為「仙道昆達利尼冥想法」，深層冥想法則稱為「仙道深層冥想法」。

為了讓大家都會做，必須讓大家了解其原理，所以，儘量以科學和醫學的觀點來作說明。

一般而言，想要從表層冥想法進行時，以集中型的冥想對「仙道昆達利尼冥想法」較有幫助，弛緩型的冥想則對「仙道深層冥想法」的開發較有幫助。

第二章

仙道昆達利尼冥想法

從氣到人體的能量

最近針灸、指壓、太極拳等中醫學或健康法都非常流行，即使是普通人也對「氣」的概念有所了解。但談到實際情況時，幾乎所有的人都不太了解。

中國的仙道或印度的瑜伽，從很早以前就被用來修行。這種力量是相當不可思議的，不只和人的身體活動有關，也和自然、宇宙的各種現象有非常密切的關連。

古代的中國認為生物的產生和生命的活動都是因「氣」的作用而發生的。甚至連自然界的各種現象，雲的形成、彩虹的出現、狂風亂吹等，也是因自然「氣」的作用而發生的。甚至連國家、社會的命運這種人為的存在，也以「氣」的作用來加以類推。

後來這種想法被集大成，產生了「易」的哲學。如今「易」只被用於占卜，但此想法卻已被中國文化所採納，廣泛的應用於哲學、宗教、科學、技術、醫學、武術等方面。目前流行的中國拳法太極拳、八卦拳、形意（五行）拳等名稱，都是源自「易」。

此外，在占卜所使用的「易」，從本來哲學的易看，只不過是敬陪末座的雕蟲小技而已。由易的本質而言，最重要的並不是利己的預測未來，而是將現代的自然法則加以公式化。如今，現代的自然科學才是學問的主流，所以，在發源地的中國已經很少有人研究它，但易卻曾經是包括日本、韓國、越南等漢文化的自然科學。

本書認為這個易的根本要素「氣」，是和印度瑜伽的昆達利尼有關，正確說，這二者有相當大的意義上差異。

印度瑜伽的昆達利尼是指潛伏在尾骶骨的某種人體的能量，會沿著背骨上升和宇宙的能量相連。

仙道所說的「氣」是和易所說的「氣」一樣，所以除此之外，連與空氣、食物、水溶合在一起的氣，以及自然界充滿動力的氣流也都包含在內。

在印度，把包含在空氣、食物、水中的能量稱為「普拉那」（Prana Vayu 生命氣，在橫膈到喉嚨之間流動的氣，與心跳、呼吸、說話、循環系統有關），和昆達利尼有所區別。此外，分布在體內各部分的能量，也因分布地點或作用的不同而有「烏達那」（Udana Vayu 上行氣。從喉嚨到頭底的氣流的流動方向。主管五官和頭腦的運作）、「沙瑪那」（Samana Vayu 平行氣。從肚臍到橫膈膜的氣流方向。是平衡生命之氣和下行氣的樞紐，對應器官是消化系統）、「阿帕那」（Apana Vayu 下行氣。從肚臍到腳底的氣流方向，控制生殖、女性生理期的功能。對應器官是腎、大腸、肛門）等名稱加以區別。

仙道所有的氣可勉強分為：天氣（空氣）、地氣（食物、水）、生命氣（普拉那）、平行氣（沙瑪那）、下行氣（阿帕那）等，依照那個氣所屬的場所或性質的名稱來分類表示。相當於昆達利尼的稱為陽氣，是意謂著擁有熱的氣。這是依作用區分的說法，仙道和瑜伽也都認為這些東西在本質上並無二樣。換言之，氣就是能引起宇宙所有現象的根本力量。

現代科學稱這個力量為「能量」。能量也和仙道、瑜伽所說的氣或「普拉那」一樣，依發生的場所或作用而有各種不同的名稱。

例如，由電力或磁力產生的電氣能量、物質間所產生的重力能量、平常在我們活動可以看見的運動能量或熱能等，表面看來像是完全不同的東西。但這些東西在本質上是完全相同的，電氣能量可以變成熱能，熱能也可以變成運動能量，像這樣，這些能量都可以自由的轉換。

實際上我們在經營生命活動時，攝入體內的食物或空氣，經過各種化學變化後就會變成能量而儲存在身體各處，這就是維持生命或活動力的泉源。

普通像自然界的能量，唯有它發生作用時，人們才能間接的知道它的存在，除了少數東西之外，人們幾乎都無法感覺到。那些僅有的少數東西究竟是什麼呢?那就是，觸電的感覺、反映在眼睛的光的感覺、耳朵可聽見的聲音的感覺、皮膚可感受到的觸覺等。

在人體內發生的能量更是難以感覺，能直接感受到的只有熱能的感覺。運動能量只有當做結果才能知道，對於神經、肌肉、血液的作用具有重要任務的電氣能量，由於太過微弱，以致連其存在都無法感覺到。

總之，能量是一種我們雖然沈浸在其中，卻無法感覺到的謎樣力量。不過，現在只要藉助科學技術的力量，幾乎所有的能量都可以輕易的捕捉到，所以用謎樣力量來形容或許不太恰當，應該加上「依靠人的肉體感覺……」這種但書來形容比較適當。

從這種人的感覺來說，像謎一樣的能量，仙道或昆達利尼瑜伽很早以前就有可以直接捕捉到它的方法，而流傳至今。現在先說明其直接的感覺為何？

常聽說，能做昆達利尼瑜伽的人，當昆達利尼上升到背骨時，會感覺到驚人的熱、壓力、光、聲音等。仙道發生陽氣時，也會感覺到下腹有熱塊。它沿著背肌上升時，會有熱水沿著血管上升般的感覺。我第一次做到小周天時，就曾清楚的感覺到這種熱在移動。

只能當作熱來感覺的人可說是只在初步階段，等到能夠自由的讓氣在體內繞動時，就能感受到其他各種感覺。

例如：被強烈的力量壓住的感覺、像液體在體內流動的感覺、黏黏的空氣塊一般的感覺、觸電般的感覺等。

大部分的人只能把人體的能量當作熱來感覺，而神經過敏的人則經常在身體各處感受到其他的感覺。最容易感覺到這種氣的部位是手掌，其次是臉部、腳底。神經過敏的人即使沒有學過仙道或瑜伽，只要教他用手掌感覺的方法，他很快的就能感受到壓力感、通電感。

這種人除了能夠感覺到自己的氣之外，對於別人所發出的氣、自然界氣的變動、交通工具或電子設備所發出的人為能量等，也會很敏感的感受到，因此，其神經或肉體都比普通人更容易消耗。長期臥病的人，如果變成神經過敏，稍微受到能量的刺激，就會使症狀更加惡化。

仙道或瑜伽是故意製造能感覺到氣的敏感身體，所以從某種意義看來，可說是故意在製造病的狀態。

但那和病的狀態是有絕對的差異，其理由如下：

以騎機車為例，故意飛馳或拿掉滅音器製造噪音，聞者莫不感到十分刺耳難受，但是，製造噪音的人本身卻幾乎不曾感受到壓力，甚至還會有肉體的快感。這是因為肉體已能對預想的壓力依次順應之故。

另外，突然被人搔癢時會因癢而跳起來，但如果預知有人要向你搔癢，就幾乎變成不會感覺癢。

總之，依照自己的意志做某件事和被強迫做某件事，肉體所感受的狀態是完全不同的。其關鍵在於神經的作用。

根據各種實驗的結果顯示，能夠感覺到氣是因這個神經的作用造成的。普通人因為其他的感覺（視覺、聽覺等五種感覺）過分強烈，以致對人體的能量只能勉強的當作熱來感受，此外則完全無法知覺。雖然如此，只要能將肌肉等肉體器官加以鍛鍊，使熱的發生增大，集中意識使神經敏銳，即使是普通人也能夠把這個氣當作直接性的感覺來感受。

我在學習仙道之初，也是只能在體內感覺到能量而已，但是等到氣能夠在全身環繞時，對於樹木、花草所發出的能量或是太陽的光線、磁鐵、電器所發出的能量，我都能把它們當作各種感覺來感受。最多的是，像有壓力的磁力般感覺，其次是各種感覺組合在一起的感覺。

最有趣的是，非生物而且不具有能發生能量機能的岩石或建築物，有時也會發出這種氣。其他如靈驗的符咒或習字範本等，有時也會放出強烈的氣。

這些目前還沒有完全經過科學的證明，所以我不敢作明確的斷言，但是能夠發出這種強烈能量的物體，的確會對人體產生能量的作用。在能量極端低狀態下的東西，會奪取人體的能量使生命活動降低。相反的，擁有高能量時，它可以提高人體能量的作用或是使能量增加。

換言之，人體有一股強大的力量秘藏著。仙道昆達利尼冥想法，能夠輕易的抓住仙道的氣和昆達利尼瑜伽的深奧，有效的加以配合，使任何人都能夠感受到這個所謂氣的宇宙的本質力量。

世界性的人體能量研究

雖然說目前的儀器還不能完全抓住這些能量，但是，已能做到某程度的抓住人體的能量，或外界的神秘能量。

在一九三五年，美國耶魯大學的哈羅爾德巴博士證明，無論是植物或動物所有生命體，在其周圍都帶有一種電氣能量的殼。這個殼的作用，是當構成生命體的組織要變成新的東西時，可以保證它能變成正確的形態。俄國列寧格勒的歐爾蓋耶夫博士，發明了能夠檢驗出這個電磁性殼的裝置。使用這種裝置時，即使距離生物體三～四公尺，也能檢驗出其能量的強度。

美國的索瑪森所發明的裝置效果更佳，當人從遠方走近時，它能透過人體能量場而了解那個人的心理狀態。

此外，耶魯大學神經精神病理學的拉維茲博士，由測定皮膚上的電磁（亦即人體能量場）發現心理會對人體能量場產生強烈的影響。不僅喜、怒等心理的動態，連睡眠的深度也可以用這個方法來測定。

在這種儀器中，最獨特的是俄國的基爾利安所發明的能夠看見「歐拉」的裝置。使用這種儀器時，發自生命體的能量會變成各式各樣的可見光。所謂的歐拉乃是瑜伽用語，指覆蓋在人體周圍的能量層。其顏色和形態，會因個人的精神或肉體的狀態而作不同的變化。

使用基爾利安的裝置時，除了人體的「歐拉」之外，連植物、動物、無生物所發出的「歐拉」也能看見。

使用到很熟練時，連今後這個生命體是否會生病，也可以透過「歐拉」得知。然而，這種裝置雖然能夠預知生命體的疾病，卻無法加以控制。所以，在這一點它還比不上瑜伽、仙道。

此外，我國為了測定超能力者的力量，研究出各種以高周波、低周波、磁力來檢驗的裝置。這些裝置已能對超能力的秘密作某種程度的解釋，但仍有許多謎點尚未解開。

另一方面，比歐美式更直接的人體能量研究，中國是利用傳統的經絡醫學來作科學上的解釋，而進行人體能量（氣）的研究。當然，其基礎是應用電子學對經絡或穴道所作的證明，目前這已被當作良導絡治療而廣泛的應用。

根據這種說法，經絡就是皮膚上電氣容易通過的路線，而穴道就是組織發生激烈變化或擁擠時，電氣容易停滯的點。經絡和穴道，也會很複雜的擁擠在血管、肌肉、神經中，而有非常敏銳的感受性。內臟等的變化會敏感的反應，或是相反的把刺激傳到內臟，也都是基於這種理由。

不論中外都以電氣來測量出人體能量，這一點實在是非常有趣的現象。從人的神經這個立場來看，也有可以大為肯定的點。因為，無論是仙道或瑜伽都是由於神經的作用才得以感覺到氣或昆達利尼。這個神經系才是當作人體電氣的誘導路而正式被醫學承認的部分。

在科學誕生之前的遠古時代，生命體的內部就發生了電氣，形成能對外界的事物產生反應的裝置。

這種謎樣般的能力，才是我們要重新加以考量的。此外，目前想以電氣性來抓住人體能量，單憑這一點還是無法解決。由學習仙道或瑜伽就可得知，氣是擁有各種作用的。電氣性是其作用的一部分，只有在體內傳達時才容易抓住那種形態。實際上，它有時會變為熱，有時又會變為壓力，真可說是變化莫測。

關於這一點，曾請教過東京大學宇宙工學研究所的物理學專家P教授，他說：「從某一個場所發生的能量，並不是只會放出那些波長的東西，同時，也以它為中心發出各種波長的能量。」

換言之，感覺熱時，除了那些熱能以外，也會出現其他的能量。那麼，為何我們只把它當作熱來感覺呢?這是因為我們的神經對熱的感覺作用太強，使其他的感覺受到排斥。

但是，集中意識提高神經的作用時，籠統的只當作熱來感覺的能量，也會變成各種感覺感受到。請各位回想一下以前在學校所學的物理學，熱、聲音、光、無法感覺到的電波或X光線、γ線等都是由電磁波所構成的。其差別是在於波長的長短。

換言之，相同的電磁波，波長不同時，有的會有像電氣般的刺痛感，有的會變成光而令人感到刺眼。熱是包含相當廣範圍的電磁波，但最接近生命體的即是紅外線或高周波。

由人體發出的東西也是屬於這種電磁波，主要是生命體活動的結果所放射出來的。基爾利安的裝置是使用了高周波裝置和塗有染料的玻璃，所以才能夠看見「歐拉」，這種道理似乎是可以理解的。

雖然前面所說的稍微深奧，但目前的科學已對這種氣（生命體的能量）有相當進步的研究，如果我們利用這種科學知識合理性的學習仙道，就可以很容易的感受到氣，使它在體內循環。

手掌是高度能量的感應器

能夠感覺到氣時，為何會對深層冥想法有幫助呢?其答案很簡單，因為感覺氣的能力的根本是在神經。

因為氣就是人體能量，只要生命體還有生命活動，氣就會繼續的發出。生命活動旺盛時，氣的發生也會很強，相反的，生命活動衰退時，氣的發生也就降低。這種作用大部分都在自律神經中進行。呼吸、血液、淋巴液的循環、消化、排泄等，一切都是這個自律神經的作用，只有肚子餓或想要排泄時，才能接觸到這種微弱的感覺。

另一方面，活動手腳、感覺疼痛或熱等，雖然是相同的神經，但卻是屬於所謂體性神經的系統，能做各種考慮或意識的腦的作用也包含在其中，因此也稱為腦脊髓神經。人的身體就是依靠這二者經營所有的生命體活動。

總之，神經對人是非常重要的，如果其功能失效，則人一天也無法活下去。

仙道昆達利尼冥想法，是為了感知氣而提高神經的感覺，然後利用這些感覺正在高昂的神經抓住當時氣的狀態，而得知生命體的狀況。

到此為止是使用到體性神經的作用，其次是會使用意識，讓這個氣隨時將自己帶到對自己最好的狀態。

關於其方法，在「仙道深層冥想法」一節會再說明。當通氣時，本來絕對無法靠意識來控制的自律神經，也可以間接的加以控制。最後即使不通氣，自律神經本身也會直接和意識連接。這一點，因為可以看見某種光，所以會馬上知道。以後，各自律神經節就可以靠意識來加以控制。

這會因場所而稍有不同，例如，控制與胃腸功能有關的太陽神經節時，會看見紅色光。同時，器官在某種程度下可以靠自己的意識蠕動。這種光在仙道稱為「丹光」，在瑜伽稱為「查克拉」。

在仙道，只有靠感覺才能了解氣是慢慢的變成光而可以看見。在瑜伽，氣一開始就被當做光而可以看見，但是，這只能以精神來看見，所以相當困難。因此必須儘量的發揮想像力。

比較作法時，對初學者而言，因為仙道會使用到氣這種明顯的感覺，所以比較簡單。只要加深冥想，它會自動的變成光可以看見。

神經不只會抓住來自外在的感覺，也會抓住發自內部的感覺。但發自生命體內部的感覺，是與我們在日常意識到的腦的部分不同的地方會意識到，所以只能當作間接性的東西感覺，完全不可能以意識來控制。

不過，使用氣的作用時，這種事就會變成可能。這是因為氣和所有的神經作用都有很密切的關係。所有的神經完全清醒時，宇宙的所有能量都會變成光而可以看見。

現在我們來說明具體的感受那種氣的方法！首先要介紹的是，對仙道、瑜伽完全外行的人也能夠簡單的感覺到的方法。

首先，將兩手的手掌緊貼在一起，兩眼凝視它並將意識集中在手掌。慢慢的將兩手掌分開二～三公分的距離。以想要聽見聲音般的感覺，將意識集中在此空間，如果能感覺到某種東西就太好了。

但如果手、手腕以及全身稍微用力，就無法感覺到，所以要儘量放鬆。其感覺是因人而異，但如果像風在兩手掌間上下飄動，或是有某種軟綿綿的感觸或壓力感、觸電般的感覺，就表示你已成功了。

會有那些感覺的地方因人而異，有的人也會在手指末端、手的邊緣感覺到，能立刻得到這種感覺的人，大部分是神經相當敏感的人。

有的人雖然不會有這些感覺，但是把分開的手掌做上下、左右、前後的移動時，有時會突然的感覺到。

若以像兩手掌包住約十公分大的球的手勢，兩手掌不斷的往相反方向轉動，不久就會感覺有空氣的球狀物存在。有時會有很光滑的感覺，有時則略有黏黏的感覺。稍微用力壓時，手掌會感覺相當的壓力。

能得到這種感覺的人，可利用別人的手掌和自己的手掌來試試看，還是會有這種感覺。最好利用精力充沛到像要流鼻血的人的手掌，這樣就可以很清楚的感覺到氣。如果自己的精力也和對方一樣旺盛，二人所發出的氣會互相抵抗而完全感覺不到，這一點要注意。

利用各種人的手掌，能夠更清楚的感覺到氣。這是因為手掌經常接觸各種東西，以致觸覺變得很敏感。

這證明了手以外的神經對氣的感覺力量並不強。雖然如此，但是，臉部中與眼睛、耳朵相鄰的部分，因為受到這兩個感覺神經的影響，而比較敏感。腳底等也因為經常受到刺激，所以有些人也會反應氣。但這些都不如手掌那麼強。你不妨以手掌蓋住這些部分試試看。

也許有些人根據上述的方法試驗後，發現完全沒有感覺，應該說是大部分的人都不會有感覺。就是因為這樣，所以你才能夠安然的生存在這個充滿壓力的社會中。你應該以自己沒有神經過敏感到慶幸。

話雖如此，但這樣就完全無法進入仙道的昆達利尼冥想法，所以這些人還是必須採取適合自己的開發法。

其方法是，要使用熱。所謂的熱能，如前所述一樣，在電磁波中具有非常廣的範圍，是屬於不明確的感覺，但任何人都可輕易的感覺到。兩手掌完全沒有任何感覺的人，最好馬上試試看手掌是否會感覺到熱。大部分的人可能會感覺兩手掌有一點點熱。但請你不要以為那是體溫，這種熱才是從人體放射出來的人體能量，亦即所謂的氣。

人會不斷的從身體放射出三六～三七℃的熱線（紅外線）。如果這樣說明還不太了解的人，不妨再做下列的實驗。

將兩手掌分開放在眼前，一邊注意一邊將意識集中在手掌。意識的集中愈強，所感受到的熱也會愈強。除了自己的手掌之外，也可以利用別人的手掌試試看。

這時候，如果你比對方感覺到熱，你可以把意識集中在對方的手掌上。如果想要讓對方也感覺到熱，只要叫對方把意識集中在你的手掌即可。

完全不必移動手掌也能夠調節熱的原因，如前所述一樣，那是因為神經發生了作用。

每當你有空時，不妨合掌搓一搓加以刺激，這樣對氣的感覺會變得愈來愈強。以往對熱不太有感覺的人，也會因此有清楚的感覺，已經能夠自由調節熱感的人，也會更了解微妙的感覺。

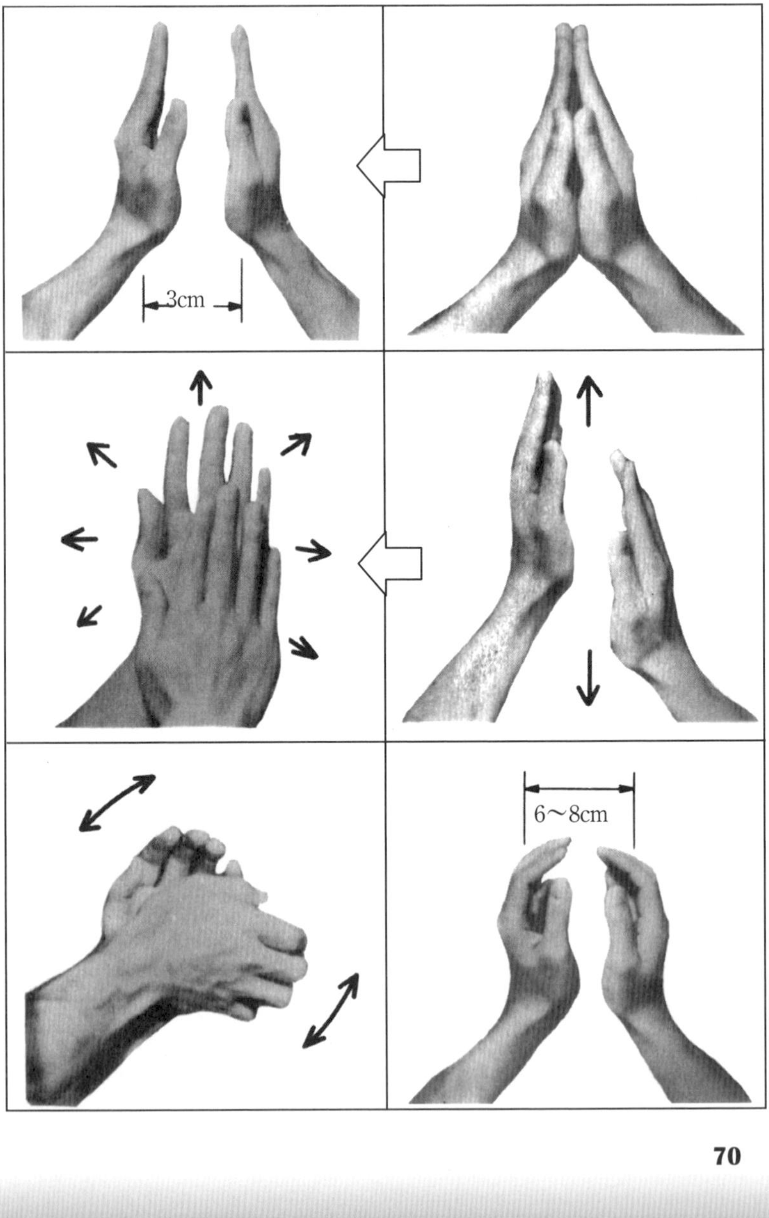
3cm
6～8cm

外在能量和超感覺

對自己本身的氣或與他人之間的氣，已經能抓住感覺的人，不妨再試試看是否也能感覺從各種東西發出的氣（亦即能量）。只能感覺到熱的人，除了幾種例外（例如：動物、太陽光、電熱器等）之外，都無法感覺到，所以要好好的摩擦手掌，不斷的集中意識來鍛鍊敏銳的感覺。

了解人的氣的人，也會了解動物所發出的氣。只能感覺熱的人，大部分都無法感覺到比人的體溫低的動物的熱，但有除此之外的感覺的人，還會感受到某種感覺。這種感覺是比較接近警戒的感覺，除了手之外，在胃部、胸部的附近也會感覺有某種東西。

當人生病時，那些部位會發出「嘶！嘶」的氣，能感覺氣的人會馬上就知道。如果把手接近那個部位，手的氣會被吸走，變得很冷。

所謂手掌療法的真相就在於此，把自己的氣給予對方提高患部的自然治癒能力。科學上說來，從手掌發出的人體熱能會變成電磁波（此時是紅外線）放射，進入對方的身體後，再恢復為熱能而變成內部能量儲存起來。

體力稍微衰弱的男性，只要和年輕活潑的女性睡一夜，就會變得很強壯。如果對方的體溫此自己低就無效。而且，如果因過分興奮而洩精（熱量很高的塊狀能量），只會對女方有利，對自己反而不利。

有趣的是，若女方對男方沒有意思或感到厭惡時，氣就不會流出。相反的，如果女方很傾慕男方，第二天，女方就會因精能量被男方吸光而變衰弱。

這就是人體的奧妙之處，是表示意識和肉體密切關係的最佳例子。這可能也是神經的一種作用。

在仙道中，修行所使用的「房中術」就很盛行這種事。如果只是為了下半身的某一點而吸氣是不會成功的，因為是和年輕的女性睡覺，所以還是會變健康，關於這一點，沒有科學觀念的人是完全無法了解的。

房中術對於完全了解氣的人而言，的確有非常具體的效果，這時候他可以從對方下半身的一點或手掌，甚至是全身，自由的把氣吸出。其方法是，不斷的以意識想像對方的氣流入自己的身體，不了解氣流動的人是無法做到的。

知道疾病部位的人，也可以簡單的知道對方所發出的氣。以手掌向著對方的全身時，就可以知道健康的人會向空間放射出相當強的氣。相反的，體力衰弱的人，如果不直接用手掌接觸其身體，根本無法發現氣的存在。

奇妙的是，疲勞者、剛生病的人，其體力應該是很衰弱，卻仍會放射出很強烈的氣。這可能是當人們遭受到危急狀態時，自律神經為了保持身體的平衡，產生異常活動的結果。

人體的氣是比較容易知道，但植物則稍有不同。因為它們完全不會放射像體溫一般的東西。所以，對熱感敏感的人，用手掌去接觸時大部分都不會有任何感覺。除了熱感以外，也能把其他的感覺當作氣來感覺的人，用手掌去接觸時，就會感覺到樹、花所放射出來的氣。

這種氣在春夏之間特別強烈，到了盛夏，就稍微安定而不太感覺得到。

最不容易感覺到的季節是植物枯萎的冬季，從氣的方面來看，大部分的植物都像死亡般。這種植物的氣強弱，因樹的種類而有所不同。一般而言，樹木的氣比花草強，尤其是能夠在嚴酷環境下生存的種類，愈會發出強烈的氣。

令人感到很奇怪的是，這種植物的氣應該比人的體溫低很多，照理不會被人吸走，但我卻能以手掌集中意識吸它的氣，而且吸收後自己的氣會感到很充實。以前每當我感到疲倦時，我都會用手掌來吸它的氣。

目前的科學還無法測量樹可發出多少能量，也無法測知其波長，但是，生物生存所需的能量似乎不一定要像人的體溫一樣。有些苔類或細菌，也能在零下一百℃的西伯利亞凍土中生存。如果使用基爾利安的裝置來測量這種東西，就可以看見它發出「歐拉」的情形。

這種與人的體溫有實質不同的生命體能量（即使其溫度很低也不會吸收高溫者的能量，如同樹木例子一樣，它也能和別的能量交換。）在瑜伽有深入解釋。普通所謂的「歐拉」，就是指所有的東西都可以看見的能量，而人的體溫放射出來的能量，只不過是其中的極小部分罷了。

實際上，人體是由數層「歐拉」所包圍著。體溫的「歐拉」是覆蓋著相當靠近肉體的部分，整個「歐拉」則更廣大的包圍著肉體。

感覺敏銳的人，要吸收遠距離對方的氣時，不會感覺到體溫的「歐拉」，而會感覺到全體性的「歐拉」。這相當於我們平常所說的氣氛。這個大歐拉的真相，在科學上尚未被了解，但它可能是前述的「世界性的人體能量研究」一節中所提及的生命體的電磁場。

這個電磁場具有不可思議的作用。其一是，構成生命體的物質老化要更新時，能夠保持其正確形狀的作用。其二是，好像超越了生命體的存在一般。

這究竟是什麼意思呢？就是這個電磁場不只是存在於生命體存在的時期，而且在生命體誕生之前和滅亡之後也存在。

關於這一點，俄國的歐爾蓋耶夫博士曾偶然的發現了一個實例。

某一天，他把可以測定人體能量的裝置放在腦波和脈搏已經完全停止的屍體附近，想要測定屍體的人體能量。當然，其結果是完全無法測出能量。但奇怪的是，在距離屍體約四公尺遠的地方，卻可測出電磁性的能量場在跳動。其狀態與生命體所放出的能量完全沒有兩樣。

美國的靈能家耶林・卡爾雷特，也曾發現死亡三天的屍體，冒出能量的煙的現象，目前還無法確定那是否是所謂的靈魂。因為還沒有確實的證據可證明那些東西能永遠的存在。但是，在生命體生死的前後，其附近確實有這種生命體能量存在。

中醫學也認為，父母交合受精時，在那裏就會發生先天的氣。先天的氣是無法靠意識感知的氣的作用，它在無意識中孕育生命，使之生存下去。這在普通的生命體，是指前述的自律神經的作用。

胎兒是自受精的瞬間，先天的氣就會開始發生作用，而孕育意識還未清醒的生命體。誕生後會發生作用的後天的氣，是由進入口中的空氣、水、食物所創造出來的。

先天的氣和後天的氣之間有很密切的關係，前者開始發生作用後，以天氣（空氣）、地氣（食物、水）創造出後者，後者再把它所發生的一部分傳送給前者，使其作用得以持續不斷。從先天的氣被稱為「感覺不到的氣」和後天的氣被稱為「可以感覺到的氣」這一點看來，更說明了體溫的「歐拉」和全體的「歐拉」是不同的。

前面已說明過各種問題，各位現在可能會覺得有一點混亂不清，所以，想在此作簡明的總整理。

本書所說的氣（昆達利尼）是指後天的氣，亦即以體溫為代表的能量。如同在後天的氣曾說明過一樣，任何人都可以把它當作熱來感知。而植物會放出質量上稍有不同的氣，所以普通人無法感知。人或動物也有這種氣，它遠超過體溫所代表的氣的範圍。中醫學把前述的後天的氣稱為先天的氣。

其真相可能是生命體所擁有的電磁場。了解氣的人接觸植物時，心情會好轉，是因為受到這種電磁場的作用影響。這可以由使用應用電氣、磁氣的健康器具後，身體的情況會好轉的例子推想得知。

這二個氣表面上看起來完全不同，但本質上卻是相同的東西。如果以科學觀點看，它們是和電磁波相同的一種能量狀態，所不同的只是波長而已。這對生命體而言，是正或負，和是否能調整生命體的功能有關。

還有，是否能提高或降低調整後的能量狀態，也是個問題。總之，本質性的氣就是指宇宙間的所有波動（能量）。

先天的氣、後天的氣

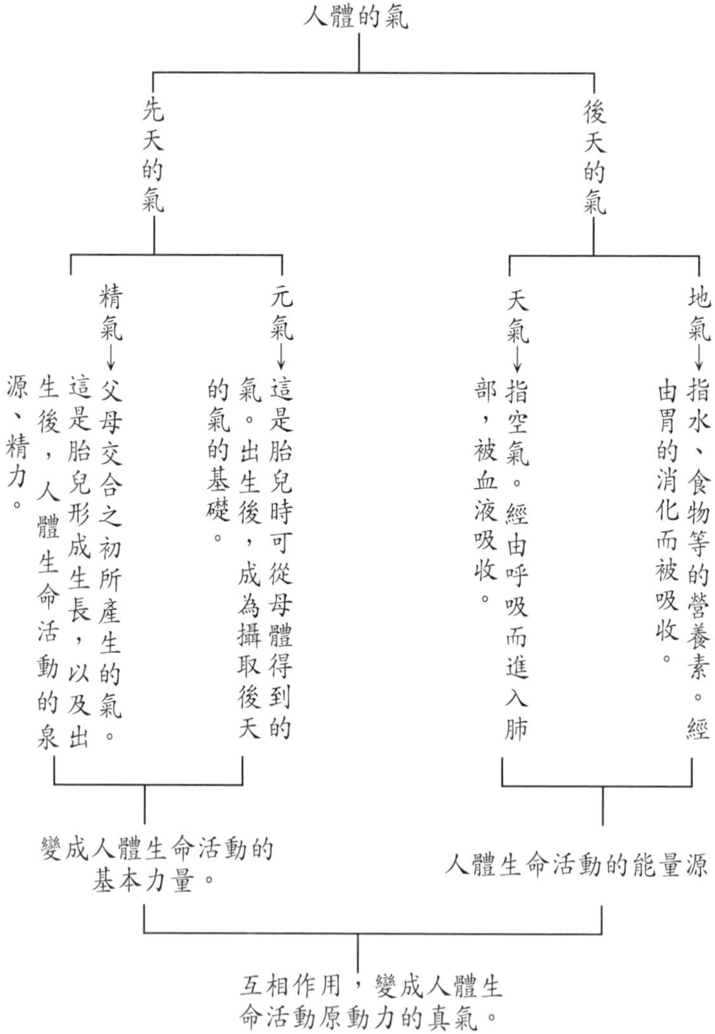
人體的氣
先天的氣
後天的氣
精氣↓父母交合之初所產生的氣。這是胎兒形成生長，以及出生後，人體生命活動的泉源、精力。
元氣↓這是胎兒時可從母體得到的氣。出生後，成為攝取後天的氣的基礎。
天氣↓指空氣。經由呼吸而進入肺部，被血液吸收。
地氣↓指水、食物等的營養素。經由胃的消化而被吸收。
變成人體生命活動的基本力量。
人體生命活動的能量源
互相作用，變成人體生命活動原動力的真氣。

了解這個道理後，能夠感覺到植物的氣的人，不妨用手掌靠近自然界到處可見的石頭或土塊來試試看。大部分的東西都不會表現出任何反應，但有些東西會放射出類似接近植物時所感覺到的氣。磁鐵因為會放出磁氣，當然是屬於會放射氣的東西；而寶石等，也有的會放出強烈的氣。它們所以能夠吸引人，除了因為具有光輝燦爛的美麗外表之外，這一點也是原因之一。

有的書法範本也會出現很強的氣。這可能是因為寫的人集中精神寫的時候，在那個空間的能量被磁氣性的記錄下來而造成的！

同樣的，靈驗的符咒也會發出相當的氣。這和寺廟是否有名並無關係，也和僧侶或神明無關，所以靈符上應該是不會有氣的。又有些寺廟會相當靈驗，大部分都是因為寺廟所處的那塊土地的氣很好，加上長期以來許多人氣集中在那裏所造成的。

人長期使用過的裝飾品或佩戴物，也會相當強的附有使用者的氣（應該說是電磁性記錄下來比較恰當）。普通只能感覺到氣的人，用手掌蓋住這些東西時，只會感覺到某種獨特的氣氛而已，但是能夠看見氣的人，閉上眼睛時那些記憶就會變成光的映像可以看見。這在心靈學稱為觸物，即察知其性質的神秘力。

了解這種外界的氣的人，一定會接觸到心靈學所說的靈魂。其方法是，與被幽靈纏住的人相遇、到幽靈經常出現的場所，有時候只說了二～三個小時有關幽靈的話，幽靈就會出現。玩碟仙等，有時候也會出現幽靈，但有時候這是因集體的歇斯底里造成的，所以要注意。

出現時的感覺因人而異，雖然無法經常感覺到氣，但稍微敏感的人會感覺到背脊有一股厭惡的氣氛和寒氣。用手掌可以完全感覺到氣的人，在有特別厭惡的感覺時，將手朝向空中，就會感覺到似乎有某種東西存在空間中。那些大部分都是輕飄飄的，若加以描繪，有時候會成為球形，有時則成為長球形，甚至成為類似人體的形狀。

因為這會發出如同在病人的患部所感覺到的陰冷氣，長期施行後，氣會從手掌中被吸掉，而感覺胃腸附近有點怪異。稍微敏感的人，用像在傾聽的感覺將意識集中在空間時，有時會感覺到某種意識。經常與這種東西接觸，就會被纏住而遭致悲慘的下場。

有些能力相當強的靈能者，卻常年臥病在床，這都是因為被神祕力量抓住氣的關係。

所以，最好避免與這種東西接觸比較安全，且這方面的事還有很多無法用科學解釋，有時也和心理學的問題（亦即精神異常和歇斯底里）有關。各位最好以追求可能的冥想法為主題，把它當作是附加的能力。

此外，外界的氣，大部分起先不用手掌去蓋住是無法了解的，但不久之後，氣的感覺會敏感起來而可以用整個身體感覺到。若經常冥想，這種感覺就會被磨練得很強。

人體宇宙的中心——下腹部

無論是手掌或整個身體，雖然可以感覺到各種氣，但單憑這些還是不能達到自由控制的地步。

想要能夠控制氣，必須先做到使氣發生在你想要讓它發生的身體的某一個部位，並且能流動、加強。感覺到氣只不過是神經的作用之一而已。

如前所述，神經可以分為在意識範圍內的體性神經和完全在意識範圍以外的自律神經二大系統。體性神經還可分為球心性（向著腦部）的感覺神經和遠心性（從腦部發出）的運動神經。這二者都能作用才會有正常的身體活動。能感覺到氣，完全是由於感覺神經的作用，運動神經只發揮少許的作用而已。

如果想要自由的控制氣，必須讓這個運動神經也有效的發生作用才行。只要持續的把意識集中在某一個部位即可，這樣電氣性的刺激會從腦部通過運動神經，不斷的流向那個部位，對肌肉產生作用，不久則會發生熱。

如前述，將意識集中在手掌時，熱的發生會變大就是這個原因。在醫學上，這是由於神經脈搏肌緊張，使血液中的葡萄糖燃燒成肝糖而發生熱。所以，稍微用力的活動手指比只張開手掌更會發生熱。但感覺神經的作用在這時候會稍微疏忽而變得較不容易感覺到氣。

這正是第一次想要控制氣時感到為難的地方，因為會有顧此失彼之慮。

能用手掌發生的熱是很微小的，如果想要用意識使它擴展到軀幹部分，也會在尚未擴展時就消失掉。所以，只有活動整個手臂才能讓全身發生熱，而完全不可能想要用意識自由的發動。中醫學也認為手腳和全身的經絡有密切的關係，使它活動就能全身性的發生氣。

當作純粹的運動當然很有效，但這卻不太適合用意識來控制氣。想要用意識來控制，還是必須能清楚的分辨它和其他的差異。因為如果全身都熱，無論那一個部位都是一樣熱，這樣就不可能感覺某一特定部位與其他部位的差異。

所以瑜伽或仙道就想出只能在軀幹的某一點感覺到氣的訓練法。瑜伽通常把這一個特定點規定在尾骶骨，這其實是宗教性的牽強附會所造成的，並無任何生理上的根據，任何部位均可。

仙道在這一點和中醫學有很密切的關係，可感覺到有某程度的氣發生的一項醫學性策略。因此，不必拘泥於特定的部位。例如，年輕男性是在腰部或下腹，精力不足的人或老年人是在會陰，年輕女性是在雙乳間的膻中，老婦人是在子宮等，依照個人最容易發生熱的部位來集中意識。

因為這是重視體質的關係，所以，只要有效就不必拘泥於性別之分，男性也可以把意識集中在膻中，女性也可以把意識集中在下腹；更可直接的把意識集中在頭部來發生氣。

但是，會發生熱的最有效部位是在下腹。因為這裏有所謂的腹直肌，很容易產生和活動手腳相同的效果。而且這時候熱只會發生在局部，所以能夠和其他部位的熱加以區別。

唯一的缺點是，初學的人，經常是整個腹部都很用力，以致有時會有胃痛的現象發生。但是習慣後，只要下腹稍微用力就可自由的發熱。

精力衰弱的人使用會陰這個部位也有效。在這個部位有所謂的括約肌，掌管性器、肛門的收縮。任何人的括約肌若是鬆弛了，精力就會降低。老年人或身體衰弱的人，腹直肌和括約肌都毫無例外的會變鬆弛，以致氣無法集中在下半身。這些人只要好好的鍛鍊下腹或括約肌，身體一定會恢復健康。

除了這二個部位之外，其他的部位由於肌肉不發達，而無法發動意識來發生氣，只能靜靜的集中意識等待自然發生的熱。但是，這種部位也有神經、血液等錯綜在一起，所以，雖然沒有肌肉性的動作也會發生氣。只是其效果比使用下腹或括約肌小得太多了。

用瑜伽來提高昆達利尼必須花費數年的時間的原因就在於此。仙道是要鍛鍊腹直肌和括約肌，所以氣的發生較快，想要把氣提高到頭部來環繞身體一周也不需要花費太多的時間。只要下腹部能熱起來，一天就可以使氣提升。

大體上在氣能夠開始上升後約一個星期，就可以讓氣環繞全身一周。有一位韓國老先生，雖然年事已高，但約一個月就能在下腹產生熱，然後不到一個星期就能使氣環繞全身一周。

但是，使用腹直肌或括約肌所發生的氣，也有手的部分說過的那種缺點。亦即在活動下腹時，所發生的氣還不太會感覺到。當然熱是可以感覺得到，也能知道和其他部位的差異，但肌肉的運動會產生阻礙，無法用意識來發動氣。為了避免這種現象發生，仙道在活動時保留了停止的時間。

以前在武火呼吸（武息）所介紹的停止呼吸動作，其目的就是在此。此外，為何需要讓呼吸和下腹的動作一致呢？那是因為如果不這樣做，下腹的運動將難以持久。各位不妨試試看，讓下腹慢慢的用力做前後運動。如果呼吸和下腹的運動不一致，可能無法持續十分鐘。

這一點在運動也是一樣，運動肌肉時如果無視呼吸，很快的就會感到疲倦。不但如此，有時候會因此傷到肌肉，產生嚴重的後果。

實際上，使用我所編的生理學方法，也可以不配合呼吸而能在下腹發生熱。如果是要自習的人，最好採用配合呼吸的方法，這樣比較不致傷害到身體。

總之，要在下腹感覺到能量的秘訣，是下腹用力的做前後運動使它發生熱，在其中間保持緊張的狀態並加上停止的動作。有些人在放鬆時會感覺到。無論如何，只要先發動運動神經來發生熱，再使用感覺神經來感覺即可。

起先要儘量用力，否則就不會發生熱，習慣之後，幾乎只需稍微的緊張就可以發生熱。到了這個時候，就可以一邊發生一邊感覺到，而且只要使下腹的肌肉緊張依次的移動，就可以自由的移動這個熱。想靠意識來移動氣就是要這樣，一開始就儘量把這種肌肉的緊張到處傳達，氣就會提高到頭部。

從臉部降下來也是一樣，要了解各部的肌肉微微抽動的情形。因為會傳達這種氣的部分肌肉，大多是經常不使用的肌肉，所以能夠使它活動，就等於同時讓過去一直沈睡部分的功能再度甦醒。

氣在環繞身體一周時，會到處被阻擋下來。這是因為熱的流動在這些沈睡的肌肉（不隨意肌的一種）停下來造成的。所以，只要在停止的部分加強意識集中，氣就會流通。同時，那些部分的肌肉也會變得能夠自由發動。這並不只是肌肉的問題，同時也意味著掌管那些部分的神經已覺醒。

能夠感覺到氣乃是神經的作用，其覺醒表示那個人的感覺域也變得廣闊。這和幾乎只能開發感覺神經用手掌來感覺的訓練不同，連推動氣的運動神經也會覺醒。因此，只要用頭腦下達命令，氣就會立刻發生。

當然，也可以使氣加強。談到這裏，大家應該都已能了解氣的控制是擁有相當具體性的道理。

仙道的小周天和大周天

大體上，到這裏為止已經達到了一個階段。但認為這樣就可以自由的控制氣而懶於繼續修行，肌肉會立刻恢復原狀而無法通氣。普通要達到這個階段，必須天天持續練氣三個月～半年。所謂的持續練氣，是指每天一～二次，讓氣環繞一周，每一次不超過二十分鐘。

途中必須在幾個地方停止氣來集中意識。仙道把這些地方稱為竅，但那似乎也是穴道的一種，神經都集中在那裏，所以感受性特別強。經常把意識集中在這些地方，就會連續不斷的發生新的氣，而強化繞動中的氣。

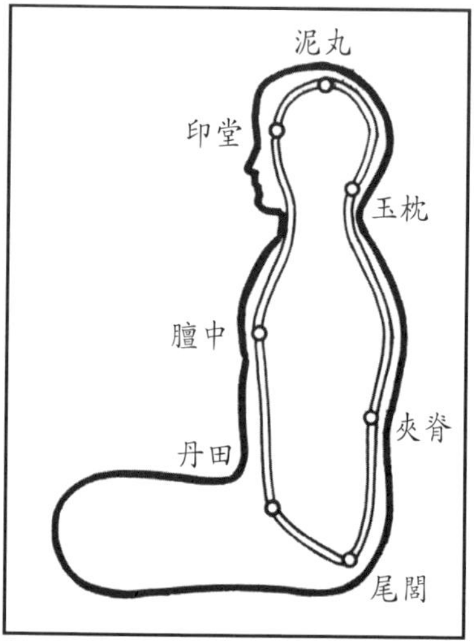

氣開始上升時，大部分都會在竅的地方被阻擋。這些竅共有七～十個左右，但特別重要的是下腹（丹田）、腰的腎臟附近（夾脊）、頭頂中心（泥丸）、胸部中央（膻中）等四個（參照上圖）。

在這些地方各約停氣十分鐘，輕輕的集中意識。

這樣的持續下去，會變成只靠意識也

能在下腹發生熱，而且不必靠肌肉的緊張，每天也能沿著流動的路徑上升。

這是因為沿著那些路徑的神經肌已經覺醒，所以，熱能能夠直接的通過其上面的皮膚、肉間。這時候的熱能已不只是普通的熱，而會如前述的變成各種感覺感受到。

一般而言，熱上升到頭頂中央時，大多會變成熱以外的感覺感受到。這時候的熱能已不只是普通的熱，可說是名符其實的「氣」了。仙道把這個熱能稱為「陽氣」，和其他的感覺氣有所區別。

以更長的時間讓氣繞一周，氣會通到身體的深處。這個地方就是背骨之中，到了這時，發生在下半身的熱，幾乎都會瞬間的到達頭部。因為背骨之中是神經巢，所以對氣的感覺很敏銳，會感覺到驚人的力（壓力）。如果一開始就進入這種狀態，其衝擊是相當大，同時會感受到熱、聲音、光等很大的衝擊。

瑜伽所說昆達利尼的覺醒就是這個狀態，如果是能量很充沛的人（這時候是指精力），一開始就會進入這種階段。

瑜伽的困難是，想要讓任何人在一開始就能夠使這種氣的上升覺醒。其方法也是把意識集中在尾骶骨，所以效率不佳。他們也實行所謂的「普拉瑪亞那」這種和武息很相似的呼吸法，但由於下腹和尾骶骨之間的距離太遠，所以幾乎都不能有效的發生作用。只有少數的人才能順利的讓氣流入尾骶骨，成功的完成仙道型的舒暢的氣的上升。

但這種型態的上升和真正的昆達利尼不同，如果沒有長期練氣，是無法達到真正的昆達利尼。在瑜伽的方法中，令人感到困難的是，沒有任何一本書對使昆達利尼上升的強化有具體的方法。在瑜伽書中，只有真正的昆達利尼的上升法和使用那種方法的「查克拉」開發法。

在仙道，氣上升到皮膚表面或肌肉而繞全身一周的稱為小周天，氣直上背骨之中而穿透頭頂的稱為大周天。小周天沒有配合意識就無法使氣環繞，但是到了大周天時，只要作無思無念的冥想，氣也會上升到背骨而自行在體內循環。且不必集中意識，只要冥想就可以感覺到人體的氣，而氣曾自行的循環全身。

這時候，即使氣沒有通過背骨之中，也可以稱為大周天。這在瑜伽稱為「寂靜的昆達利尼覺醒」。

當你不用意識也能夠感覺到氣的時候，表示你已經能夠感覺到所有存在於宇宙空間的能量，全身的所有神經都已經像手掌的神經一樣，感受性變得很敏銳。

改良式強力陽氣發生法

若不在意時間的長短，想要讓下腹熱起來，並不需要施行呼吸法或做任何動作，只要將意識集中在下腹即可。但這和瑜伽把意識集中在尾骶骨提高昆達利尼的方法是一樣的，所以不知道何時才會熱起來。

或許一輩子都無法使下腹熱起來，這樣就毫無意義，所以仙道才併用「武息」這種能夠鍛鍊下腹肌肉的呼吸法。瑜伽也有一種類似武息的呼吸法，稱為「普拉瑪亞那」。

其方法如前述，下腹配合呼吸做前後運動，在中途要做停氣的停止呼吸狀態。仙道是把吸、停、吐三個動作各施行五次或五的倍數。

瑜伽是把吸、停、吐三個動作各施行七次或七的倍數。仙道無論是吸或吐都使用鼻孔，而瑜伽則以右鼻孔吸氣，左鼻孔吐氣。這種方法並無生理學的根據，純粹是宗教性的理由使然，和科學性氣的發生或昆達利尼的覺醒也都沒有直接的關係。

從醫學上說，吸氣具有促使交感神經興奮的作用。所謂的交感神經，是指主宰無法用人的意識控制自律神經活動的神經系，其作用大部分都是要讓生命體活動才會發生。副交感神經具有鎮靜生命體活動的作用，在吐氣時，副交感神經會發生作用而鎮靜生命體的興奮。

除了呼吸，這二個神經為了維持生命體的生存，整天都不停的活動。白天是以交感神經為主來活動，晚上是以副交感神經為主來活動。有趣的是，消化機能等是屬於副交感神經的作用，所以白天吃東西後會出現愛睏的現象。相反的，失眠症是因交感神經過分興奮，以致到了就寢時間，副交感神經無法接著發生作用而引起的。

要讓下腹發生熱，等於是要造成神經的興奮狀態，所以除了體性神經中的感覺神經（意識的集中）、運動神經（下腹的緊張），如果再加上交感神經的興奮，效率更大。前面所說的呼吸之謎就是這一點，這和意識是毫無關係，呼吸會發動自律神經來造成特殊的生命體狀態。

如果能夠清楚的抓住這一點，就會合理又快速的產生熱來。為了讓讀者都能具體的做到，我將自己的方法整理如下。

熱的發生是神經的刺激造成，必須根據這一點來施行。一開始就要在吸氣時貫注力量，這樣，交感神經會受到刺激，使身體變成興奮狀態。如果只是輕緩又平坦的從鼻孔吸入，就不必期待會有任何效果，應該儘量用力吸氣。

這有二種方法。第一種是，在腦海中一邊數著一、二、三，一邊配合它做分段式的吸氣。第二種是，不分段的深深吸氣，要有聲音，而且愈強愈好。吸氣時，儘量用力到鼻子像要凹陷一般，這樣比較有效。此外，無論是使用那一種方法，都要儘量的深深吸氣。氣吸得愈深，交感神經也愈興奮。

吸氣時，下腹要儘量鼓起，這是要刺激運動神經讓下腹發生熱。同時把意識集中在下腹，這也是為了強化這個作用，讓熱集中。武息是在這個時候將肛門縮緊，因為如果括約肌鬆弛，難得發生的熱就會由肛門跑掉。

熱跑掉的情形，最多的是由性器跑入造成性興奮狀態，其次是通過肛門往腳的方向流失。如此難得產生的熱就會逃出，所以初學者務必注意這一點。

時間是因人而異，但至少要在腦海中數到十～十五。當然是愈長愈好，如果時間太長感到呼吸困難，以致下一個停氣的動作無法做到，就沒有意義了，所以還是要量力而為較好。

吸氣後立刻停氣，這是運動神經在作用時（下腹的緊張和集中），為了讓感覺神經清楚的感覺還不太會感覺到熱的一種過程。這時候，下腹的緊張和肛門的緊縮等肉體狀態還是要保持原狀，呼吸要處於停止的狀態，意識還是集中在下腹。

來自頭部的運動神經作用之外，負責感覺的感覺神經會趁此靜止狀態充分的活動，所以，很清楚的感覺到所發生的熱。這個停氣的時間愈長愈好，至少要連續十五秒。理想的時間是三十秒，如果能停氣一分鐘更佳。

但是，停氣的時間如果持續太長，有時候會失去緊張的狀態，所以，初學者還是作適當時間的停氣。

與吸氣、停氣相比，呼氣對氣的發生並不太有幫助。像禪或其他的呼吸法一樣，使這個呼吸特別延長時，副交感神經會受到刺激，因此，身體的興奮會消失而使難得產生的熱能跑掉。

呼氣時，只要輕輕的發出嘶嘶聲將氣吐出即可。同時，下腹要凹陷以便下一個吸氣容易做到，肛門也要同樣的做瞬間性的放鬆，但意識還是要繼續集中在下腹。在這個全身鬆弛的狀態時，有些人會感覺下腹有熱。這是因為停氣時，興奮狀態還不太強，感覺神經無法好好的活動，以致運動神經的緊張消除，好不容易的活動起來。

請各位好好的記住熱發生時的下腹狀態，並試試看在武息之外時能否自由的發生。不久之後，只要動一動下腹的肌肉即可自由的發生熱。

進行武息所需的時間，在正式的情形下一天應該做一小時以上。有些人只經過一個小時就能感覺到熱。生活忙碌是不得已的事，如果每天只作十五～三十分鐘，當然不容易產生熱。

為了這些生活忙碌的人，特別介紹下半身的肌肉強化訓練法，加以併用，就可以較早在下腹感覺到熱。

這可以說是武息的運用，所不同的是不需配合呼吸，可以隨時隨地的進行。其方法很簡單，只要在下腹用力做前後運動，儘量使它鼓起或凹陷。但這不像武息要配合呼吸做，而是要以較快的速度鼓起或凹陷。

普通在施行這種方法時要停止呼吸，並在停止呼吸時讓下腹做五十次的前後運動。下腹鼓起和凹陷才算一次。

因為在施行時，上腹會承受壓力而胃痛，所以施行的秘訣是，用二手掌按在肚臍的上下，一面注意避免上腹部過分用力。同時，下腹部不只是單純的在做前後運動，應該以像在揉合東西一般的動作活動肌肉。每做五十次稍微休息一下，最好每天施行二百～三百次。

每天可以利用上下班坐車，或是不忙碌的時候訓練。在做武息之前先施行這種方法，則熱比較可以提早發生。有些人只要這樣做不必做武息即能在下腹發生熱。

施行這種訓練後，不但下腹的運動神經會發達，連感覺神經也會變得像手掌一樣的敏感，而有助於提早感覺到氣。

除了下腹的腹直肌之外，最好也同樣的練習一下肛門的括約肌。方法也很簡單，只要快速的收縮和放鬆肛門即可。次數也是約五十次為佳，但不一定要停止呼吸。每天最好施行二百次左右，練習的場所和時間都沒有限制。

在活動中，意識最好繼續集中。

秘訣是，把肛門往上縮緊時，以像要從陽具吸入某種東西一般的感覺來做；女性是會變成像要關閉性器一般的感覺。性器興奮時，這種訓練有把氣吸回身體中的作用。大體上施行十次左右興奮就會平靜下來。其理由，只不過是把陽具肌肉的緊張轉移到肛門附近的肌肉而已。

如果能夠好好的做這種括約肌往上縮緊的練習，體內的熱就會集中，精力也會因此增強。但是，內臟的狀態不一定會變好，所以若是胡亂洩精，身體的機能會降低。

如果想要知道是否真的有效，只要觀察消化機能是否提高即可。換言之，食慾旺盛且精力充沛，就是真的有效，如果只有肛門的括約肌強化了，有時候只是一種假象，所以要注意。由此可見，這一定要同時進行能夠提高胃腸機能的腹直肌訓練。

如果立志要學好仙道昆達利尼冥想法的人，在熱變成氣而能在體內繞一周以前絕對不可洩精。如果洩精，完成小周天的時間將會延長。

病弱的人有時也會完全無法做到。因為精是熱塊，所以只要浪費一次，就等於快速跑遠距離所消耗的卡路里。若想重新取得，必須花費相當的時間。為了防止這種現象發生，如果洩精一次，就要立刻飲用強精劑來恢復。

在中國，想學仙道而精力衰弱的人就利用這個道理，專門飲用精力劑來補助武息。但是，這些精力劑的成分因各人的體質而有所不同，如果想要利用這種藥劑，應該請藥局或中藥店的藥劑師替你選擇適合你體質的藥。否則服用後，有時熱會集中在胃部，頭部會充血而完全無法冥想。

精力充沛的人在尚未做到小周天以前，可能有人會無法絕對的禁止性行為，但因為這並不像瑜伽那樣必須花費數年才能學會，所以應該暫時忍耐一下。

有精力的人，最多數個月，甚至只要數星期就可以做到小周天。這一點點的時間應該不算太長吧！

使熱能通到背骨的科學

只要能在下腹發生熱，剩下的上升問題並不太困難。如前所述，會有幾處的肌肉障礙點，所以，有些人的氣（亦即熱。以後也是這樣稱呼）會在那裏一一的停止。

大體上，這都是因為平常肌肉缺乏運動引起的，但因背骨的歪斜而引起的情形也不少。平常肌肉缺乏運動而不容易通氣，其症狀較輕，只要集中意識，不久之後氣就通暢，但是，背骨有異常時就不太容易。

想要治療這個毛病，必須施行類似瑜伽矯正姿勢的體操。我稱之為「以身體均衡來矯正」。

這是選擇仙道和瑜伽中在生理上比較有效者編成的。除了能矯正姿勢之外，也有容易通氣的作用。因此，背骨沒有特別異常的人來施行，可以提早使氣上升。因為這種方法除了能治療背骨的異常外，也能鍛鍊缺乏運動的肌肉。

一般而言，想要使氣沿著背骨上升時，容易停止的地方也會因人而稍有不同。

其一是尾骶骨，仙道稱為「尾閭」。瑜伽把它當作昆達利尼的潛伏地點，非常重視。其二是腰部附近，仙道稱之為「夾脊」。當然有些人的氣會在更下面與肚臍同高的腰部附近停止。

這個地方在中醫學稱為「命門」，雖然它距離腎臟相當遠，但是，精力衰退時這裏就會有所反應。無論如何其矯正法都是一樣的，所以不必過分擔心。

在夾脊的更上面，亦即在脖子稍下的地方，有一個叫做「大椎」的穴道。凡是駝背的人，其脖子向前彎曲時會高高突起的骨頭，附近的肌肉一定會異常的緊張。因此，由下面往上升的氣會在這裏停止而散失。如果氣沒有散失，它就變成熱發生作用，成為引起疼痛、難受、僵硬的原因。

在脖子上有一個叫做「玉枕」穴，中醫學稱為「瘂門」，指壓則稱為「頸窩」。工作時經常使脖子向前彎曲或使用眼睛的人，這個穴道的附近會特別緊張。即使沒有這種情形，但因為它距離下腹相當遠，所以，氣勢會消失不容易上升。

因此，所有的人都很容易在玉枕停氣。然而，肌肉沒有異常的人，只要增強氣勢就可以立刻通氣，如果有異常，氣可能會永久的停止。這個玉枕和大椎的矯正法相同，因此，可以視為同一個問題來解決。

這裡依照仙道式的名稱來加以統一，所以包含大椎也稱為玉枕。仙道稱這三個地方為「背部的三關」，在提升氣時非常重視。

現在就來介紹具體的矯正法。

首先要談的是位於最下面的尾閭，但這和背骨的矯正法並無直接的關係。由於在提升氣時，氣會在這裏停止，所以要做下面的訓練來使氣容易通過。

一，以手掌（以手指為主）摩擦尾骶骨。最好摩擦到尾骶骨帶有一些熱。

二，施行強化下腹時所做的讓肛門往上縮緊或放鬆的練習。

在強化下腹時，主要是以像用陽具吸收東西一般的狀態來施行，但在這裏要以像用肛門稍後面的肌肉在抽動的狀態來施行。

各位不妨試試看就可以知道，每當活動肛門時，以尾骶骨為中心的附近肌肉會有上下活動的感覺。這個運動每做五十次休息一下，共要做二百次。

經常做以上兩種訓練，氣就會比較容易通過尾閭。尾閭的上面是夾脊，從這裏開始就完全屬於背骨的矯正訓練。如果背骨從小就彎曲持續二十年以上，就比較不容易矯正。

此外，因車禍或由高處跌落以致背骨受到嚴重傷害時，也很不容易矯正。這種情況的人，必須先經過外科醫生或接骨師的治療後，才可以施行這裏所介紹的訓練法。

這個訓練法，①要伸直雙腳挺直上身。②是，前屈上身，以手指接觸腳趾前端，然後恢復原姿勢，如此反覆的施行二十～三十次。習慣後，可以前屈到使臉部與膝蓋接觸。必須注意的是，雙腳始終都要保持伸直，絕對不可彎曲。

做完這種訓練後，③把腳尖放在與手同高的椅子或平檯上，做伏地挺身，保持身體的平衡。接著把身體改朝向右側（左側），以單手單腳支撐全身。最後，以雙手和放在椅子上的雙腳支撐全身，仰向天花板。

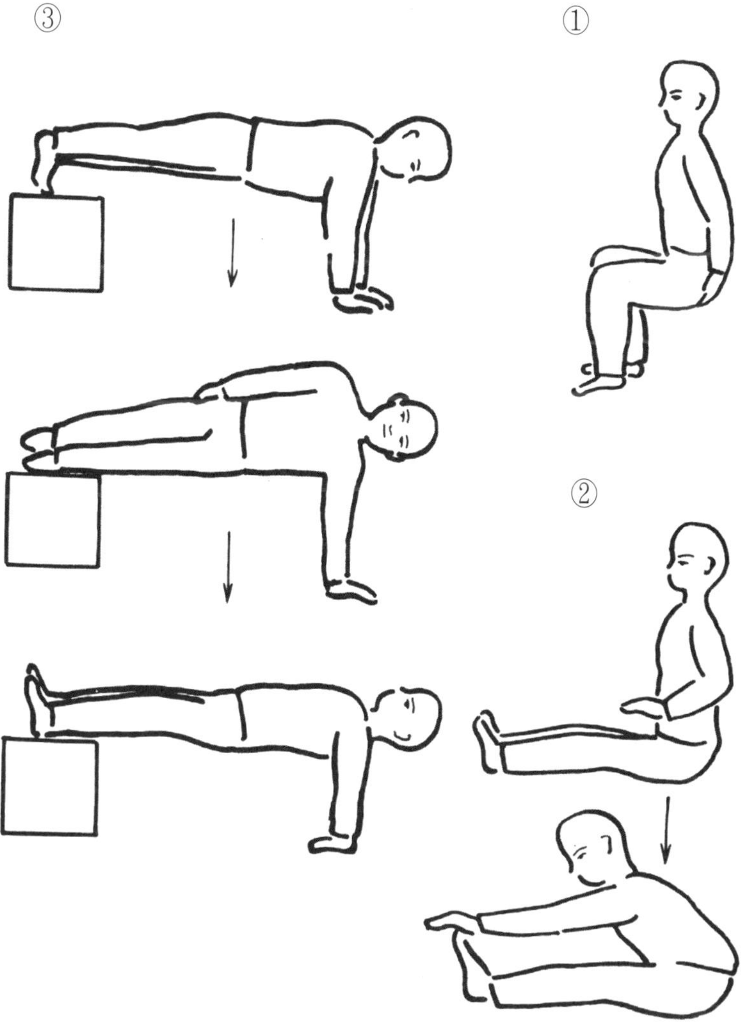
③
①
②

因為這個姿勢容易使臀部垂下，所以腹部要稍微往上挺，使身體保持橋狀。然後很快的使身體朝向左側（右側），同樣的以單手單腳支撐全身。這種訓練各種姿勢都要保持三十～六十秒。變換姿勢時，不可將腳從椅子上放下，應該保持雙腳一直放在椅子上的姿勢。

做這種訓練時應注意的是，除了仰向天花板的姿勢之外，全身都必須保持一直線，如果身體過分彎曲，則會無效。手臂的力量不夠，就不容易用單手支撐全身，所以應該先做伏地挺身來鍛鍊手臂的力量。剛開始進行時，可以請他人在一旁看看身體是否保持一直線。

最後，④站立起來，雙腳張開與肩同寬，採半蹲的姿勢。頭、背、腰要保持一直線，做上身往後扭轉的動作，向左、右各做一次為一回，反覆施行三十回。

這種訓練最重要的是，扭轉身體時，肩膀不可一高一低，否則效果將減半。往後面扭轉腰部時，兩肩始終都要保持同高。

這種夾脊的矯正訓練，可以使腰部附近的肌肉柔軟，使氣提早通過。如果再用兩手掌按摩這個部位附近，下半身容易寒冷的毛病會逐漸好轉。

④

⑤

⑥

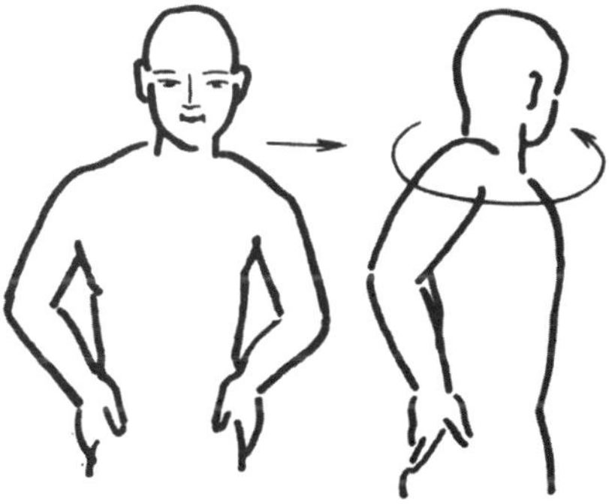

⑦

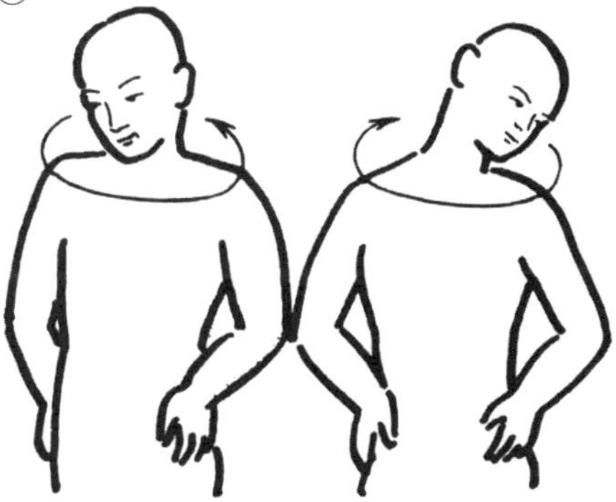

背骨異常的因素，玉枕和夾脊各佔一半。現代人以前屈的姿勢工作的情形日益增多，所以實際異常的比例以玉枕方面居多。因此，駝背的人可以當作是玉枕附近的肌肉有異常。

這種人的視力不佳。經常會感覺頭很沈重，不容易入眠的症狀。

這種矯正訓練比較簡單，隨時隨地都可以做。

其一是，⑤脖子向後彎，最好彎到能夠看見後面的東西。保持相同的姿勢約三十～六十秒。施行這種訓練時應注意，腰部必須挺直，否則就無效。所以不可以在柔軟的沙發上做，必須站立、盤坐或坐在硬椅子上施行。

其二是，⑥脖子由左右兩側往後方扭轉，向左邊扭轉，眼睛要看右邊的景色；向右邊繞，眼睛要看左邊的景色。脖子往一邊扭轉時，肩膀容易降低，所以必須注意保持兩肩同高。

此外，脖子愈能往後扭轉，效果愈佳。往左右扭轉一次為一回，共要施行三十回。

最後是⑦做脖子的回轉運動，眼睛不可繞動，往左右回轉一次為一回，共要施行三十回。

當玉枕有異常時，其原因大部分都是在於眼睛，所以最好順便做眼睛體操。方法是，讓眼球作上下左右的運動或回轉。

其秘訣是，眼睛要看著上下左右的景色，儘量作大幅的活動。

其次是，用手指按摩眼睛周圍的骨頭的凹陷處，然後順便揉一揉太陽穴。最後再閉上眼睛，以手指輕輕的揉壓眼睛。

總之，為了保持身體均衡，最好暫時連續做這種訓練。這樣熱在下腹發生，不久就能上升到頭部。

科學的昆達利尼上升法

下腹發生熱以後，就要讓它沿著背肌上升到頭部。這時候，精力特別強的人或是身體柔軟的人，比較能很快的上升，但大部分的人，必須依照順序對肌肉加以刺激，否則就無法上升到頭部。

這時候的方法，如前述，意識性的造成肌肉緊張。換言之，首先使下腹的腹直肌變硬來集中熱，接著讓睪丸附近的括約肌用力，把熱引導到這個地方。這時候，腹直肌要放鬆。如果熱在這一段時間內仍然不能移動，可以將意識集中在下腹的某一點，一邊用力一邊讓熱慢慢的往下移。

當熱下降到睪丸或會陰，再收縮肛門，將熱引導到肛門或尾骶骨。這時候最重要的是括約肌的動作，如果馬馬虎虎做，熱是不會移動的。要連續的集中意識，避免熱隨便的移動或停止。

即使如此，熱也不容易集中到尾骶骨，所以要趁著熱來到肛門時，把意識集中在尾骶骨，儘量的收縮肛門。肛門的動作愈快愈能促進熱的集中。

萬一這樣做熱還不足，就要使下腹快速的做前後運動，或是用力使它緊張即可。這期間最好停止呼吸。

不久，熱會集中在尾骶骨，用力就能通過而慢慢的上升到腰部附近。萬一，熱雖然上升卻感覺像要在中途消失一般，即表示熱不足，肛門就要以更快的速度收縮。並且要將意識集中在尾骶骨，然後讓熱隨著意識一起緩緩的上升。

因為這個階段相當重要，所以在能抓住熱上升到腰部附近的感覺之前，必須多次反覆同樣的動作。萬一在這個階段過分著急，感覺很模糊只有意識上升，會誤以為氣已經上升。

這並不是真正的熱——亦即不是人體能量，所以沒有力量，無法完成使身體健康的任務。不久它會失去控制，即使不想利用它也會整天不斷的在體內環繞，成為神經衰弱的原因。這在仙道稱為「繞空車」、「空的小周天」，必須絕對的避免。自修仙道的人，經常會發生這種現象，結果只好找神經科醫生治療。

希望各位都能一步一步的施行，確實的提升氣，以免發生這種現象。最重要的是，切莫操之過急。

平心靜氣的施行，氣反而比較容易繞動。一天就能上氣或數星期就能使氣繞動的人，絕對不是靠焦急使氣上升的。他們都是緩慢又確實的上升，所以才能早日使氣繞動。

氣上升到腰部後，上面就比較可以輕鬆的上升。然而，有些人的氣到這裏就會停止，不容易再上升，所以要做身體均衡體操。尤其是腰部回轉的訓練特別有效。

氣的力量太弱而無法上升的人，必須施行武息，停止呼吸並在下腹用力使氣繼續發生，而源源不斷的將氣送出。這時候，不可忘記要確實的集中意識。

依經驗，氣從腰部以上比較容易上升，到了玉枕就會停下來。但也有些人的氣很不容易上升，這些人還是要集中意識，每次確實的上升一公分左右。

此外，有些人從尾骶骨到腰部之間完全感覺不到熱，到了腰部才突然的感覺到熱，並且會直接沿著背肌上升。也有些人在尾骶骨感覺不到熱，但位於其上面的骶椎卻會熱起來，感覺到氣在上升。

總之，氣（昆達利尼）的上升法是因人而異，但都有一個共同點，就是會沿著背骨上升。所以，各位最好不必拘泥於仙道（丹田中心）、瑜伽（尾骶骨中心）的方法。當熱在下腹發生後，把意識集中在丹田或尾骶骨也無法使氣上升時，最好把意識改集中在骶椎或腰部附近。

也有些人的氣會停止在大椎，但是，大部分會到了玉枕才突然的停下來。從解剖學來看，這裏也是屬於肌肉。然而這和其下面的肌肉不同，是不能隨意活動的肌肉。

你不妨試著讓頭皮做上下的活動。不是動整個頭，而是只動一動頭部的皮膚。我相信大部分的人都無法做到。我們偶爾會看見某些人的耳朵、鼻子可以動，這些人應該也可以自由的活動頭部的肌肉。能夠活動頭部的人，當然氣會毫不受阻的直通玉枕。

至於無法活動頭部的人，只要其頭部附近的肌肉不僵硬，就可以利用集中意識使氣通過。

我曾經見過許多人碰到這種問題，只要氣能夠好好的在下腹發生，就可以輕易的通過玉枕。然而其中也有些人的氣無法通過玉枕，這時候就必須找出原因。其最大的原因，是這附近的肌肉很僵硬，如果不加以解決，氣將永遠無法上升。

解決之道是好好的扭轉和回轉脖子，然後向後面彎曲。有時候原因是在於肩膀的僵硬，所以要併用回轉兩肩的體操。如果這樣仍然無法治好僵硬，就要請針灸醫生加以治療。只要經過幾次的針灸治療就可痊癒。

其次，原因在於眼睛時，除了施行前述的眼睛體操，一有空就讓眼睛休息一下。休息的方法很簡單，只要暫時的注視遠方，然後用冷水加以冷卻。此外，每天工作或讀書後，做幾次數分鐘的冥想，對眼睛的休息很有幫助。

也有些人是因氣勢太弱而無法通過，這種情形就必須以通過腰部的命門時，所採用的方法來加強氣的勢力。總之，只要平行的進行身體均衡、集中意識、下腹的運動三個加強氣的方法，氣就一定會通。

氣能夠通過玉枕，就一定能夠通到泥丸，但其狀態因人而異。有的人會先感覺到熱在慢慢的上升，最後連頭頂也熱起來：有的人會有頭頂被打開的感覺；有的人則會覺得好像有某種東西在後頭部爬行，而感覺氣到達了頭頂。也有人會感覺到氣好像突然從玉枕消失而後出現在頭頂。

也有人的氣在玉枕以上，不是經由皮膚上升，而是直接進入腦中到達頭頂。總之，氣進入頭部的狀態是十人十樣，所以絕對不能斷言那一種才是正確的。但無論是那一種情形，我們都必須了解下列的事。

能讓氣到達的並不是頭頂的皮膚，而是距離它數公分以下的泥丸。這個部位在現代醫學稱為間腦的視床下部，也是自律神經的中樞。維持生命的各種命令都是由此發出的。它也和主宰大腦邊緣系的本部分有很密切的關係，所以對深層意識的發現也有幫助。

以往只當作熱感覺到的氣，到達這裏後就會有其他的感覺。尤其是集中意識時，它就會變成氣體狀活潑的運動。剛開始雖然會有熱感，但不久，即變成涼快的氣。這時候，頭腦會很清爽。氣上升到頭部後，要停止武息或下腹的運動，只集中意識，這稱為溫養。

這樣，會變成自動的文息，或所謂的文火呼吸而靜靜的呼吸。繼續溫養到氣從熱感變成涼感為止。不能因為一天還無法使熱感變成涼感，就想立刻把氣從身體前面放下去。應該繼續溫養數天，直到氣的感覺變化時才可放下。

把氣放下比上升還要簡單。只是感覺不如上升時那麼清楚。普通先把氣從泥丸放到眉間的印堂，然後經由鼻子前端、下顎前端，喉嚨進入胸部的膻中。

第一次讓氣繞動的人，有時候只能在這些部分的某處感覺到氣。即使比較會感覺的人，大多也只能有蟲在爬行的感覺。也有些人在泥丸以上完全沒有感覺，到了下顎前端或膻中才會感覺到氣。這種人的氣並不是在皮膚表面，而是直接通過腦流向那些部位。

此外，要把氣放下時，舌頭前端最好抵住上面的牙齦，否則有些人的氣會無法連續。這是因為通過身體後面的督脈和通過身體前面的任脈，會在上下唇的地方斷絕之故。

普通，一邊集中意識一邊慢慢的下降，氣一定會通，如果不容易下降，就一邊長長的吐氣一邊使它下降。氣吐得愈長愈好，最好能在三十秒鐘左右吐完。

下腹要用力凹陷，以身體稍微前傾的姿態吐氣。對於停氣或吸氣則不必加以理會。

氣降到膻中時，稍微強烈一點的集中意識。如果會感覺到壓力或熱增強，即表示氣的狀態相當良好。

最後就是把氣從膻中移到丹田，但大部分的人都不會有任何感覺。只是會有下降般的感覺，突然在丹田感覺到熱和壓力。如果在皮膚上會有像小蟲在蠕動的感覺，就要把腹部的中心線拉到肚臍，然後從那裏引入丹田。

如果這時候氣還不容易從膻中下降，最好做只在吐氣時才用力的長呼吸。如此的繼續，氣就會從膻中下降到丹田。

氣下降到丹田之後，要使用在泥丸施行過的集中意識——亦即要施行溫養。這時候，因為不會有像在泥丸時氣變質一般的感覺，所以只要溫養一定的時間即可。大體上以二十~三十分鐘較為適當。

氣以丹田——夾脊——泥丸——膻中——丹田這樣的路徑繞動一周，稱為小周天。一旦能做到小周天，第二次開始就會更容易。但仍然需要暫時的使用武息，否則氣就不會繞動，習慣之後，只要靠著意識就能做小周天。

人體能量的超能力化

能做到小周天以後，每天還要再做相同的事，做到氣在繞動一周時，始終都能夠清楚的感覺到為止。

如果某一個地方能清楚的感覺到，另一個地方卻感覺不到，只要懈怠幾天，感覺就會完全的消失。這和運動同理，要做到肌肉或神經能充分的記憶為止。在小周天，只要意識性的讓氣繞動即可，但到了大周天就完全不需要集中意識，所以必須做到能充分的控制，否則以後就會變得非常不順。

至於其具體的方法，與前面提及的並無兩樣。但這並不只是清楚的感覺到氣而已，也要強化氣，所以一定要增加溫養。

其方法是，先使下腹凹陷二～三次做強烈的吐氣，接著進入武息。等到熱充分發生後，再把氣導入會陰、肛門、尾閭，再提升到命門或夾脊。在這裏停止武息，集中意識做溫養。大約十分鐘後，再用武息把氣提升到泥丸，在這裏做二十分鐘的溫養。

然後以吐氣較長的呼吸把氣帶入膻中，在這裏做十分鐘的溫養。最後再回到丹田，和泥丸一樣做二十分鐘的溫養。起先要混合著武息和文息（溫養的時候）使氣繞動，但以後除了必要時，儘量不要使用武息，最後只用意識來做熱的發生、氣的移動、溫養。

能夠做到這樣，氣不只是會向任、督二脈繞動，也會在全身繞動。

施行過昆達利尼瑜伽或類似仙道小周天的微弱氣的上升方法的人，始終都採用這種瑜伽方法，無論如何都不能強化氣。在仙道也是一樣，只能使氣繞動，除非是很有精力的人，否則氣還是不太會強化。為了彌補這個缺點，所以才需要做溫養，但其效果也並不顯著。仙道認為溫養能夠強化氣，但它所強化的只是感覺而已，並不能強化氣本身。

長期施行，神經的功能會增強，肌肉和內臟的功能也會增強，並且可以強化氣，但這樣所花費的時間卻和瑜伽相同。所以除了精力充沛的人之外，鼓勵大家每天施行能夠更強化武息的功法。

其方法是，做武息時吸氣和吐氣都要更用力。要使鼻孔像要凹陷一般的用力把氣吸入下腹，然後同樣的用力吐氣到下腹凹陷為止（最好像調息一樣，吸、吐氣的時間保持均等。）

其姿勢就像風箱一般，吸、吐時都會發出轟轟的聲音（但不要停止呼吸）。這時候最好能配合手腳的動作，但是用力的方法很困難，所以，不鼓勵自習的人學習。根據我的朋友T先生所言，這是練習拳法的人經常使用的氣功法，別名為「外丹道」。

小 周 天

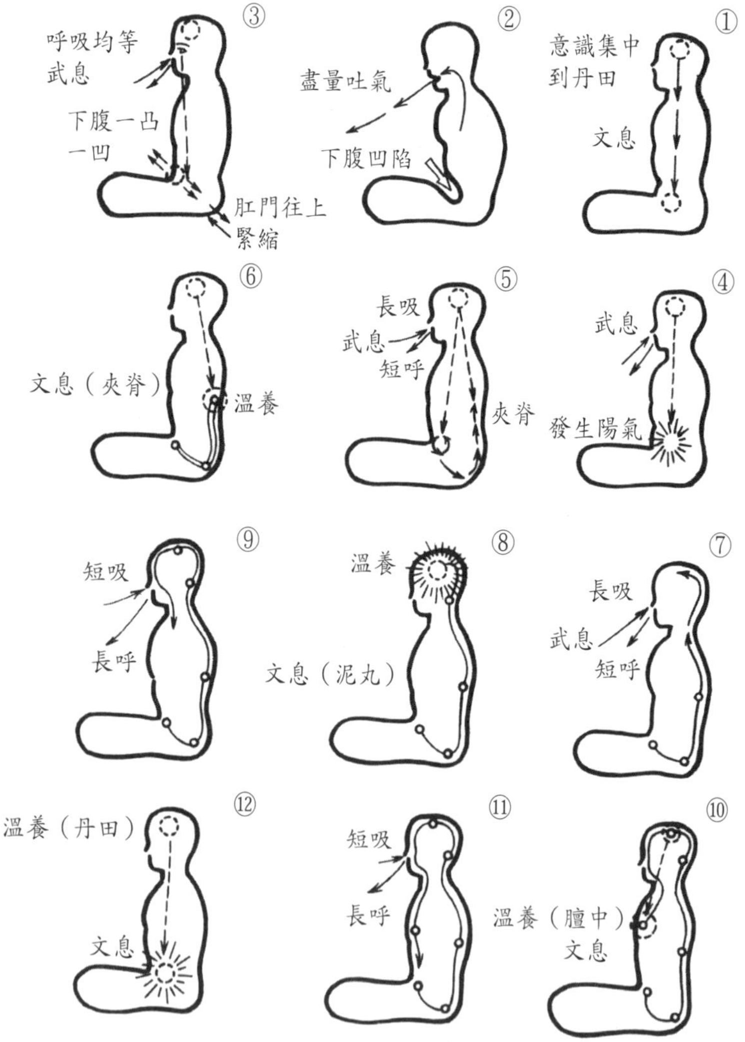
①
意識集中
到丹田
文息
②
盡量吐氣
下腹凹陷
③
呼吸均等
武息
下腹一凸
一凹
肛門往上
緊縮
④
武息
發生陽氣
⑤
長吸
武息
短呼
夾脊
⑥
文息（夾脊）
溫養
⑦
長吸
武息
短呼
⑧
溫養
文息（泥丸）
⑨
短吸
長呼
⑩
溫養（膻中）
文息
⑪
短吸
長呼
⑫
溫養（丹田）
文息

相反的，只靠意識來強化氣的稱為「內丹道」。身體較弱的人、老年人、急躁的人，除了小周天以外最好能再施行強化武息。每天施行二次，每次三十分鐘，就會產生顯著的效果。

但精力過盛的年輕人不必如此。長期間不洩精，氣勢自然而然會變強。前言使用精力劑的地丹法或從女性吸取氣的房中術，都是以補充自己氣的不足和快速的強化氣為目的。

關於其方法，前面已提過多次不再詳述，最重要的還是要每天持續的服用適合自己的精力劑。有些人也可以利用烈酒和精力劑一起服用，但必須注意避免喝醉，否則效果會減半。

當氣力稍微充滿時，就應該停止服用精力劑。房中術的技巧較困難，所以不鼓勵自習者學習，但利用手掌來吸氣的方法，倒值得一試。

在「與外界的能量接觸」的地方，只是會感覺到對方的氣而已，但這一次最好把意識集中在氣加以吸收。起先雖然並不很清楚，但經常做就可以知道流入的感覺，同時身體也會愈來愈溫暖。尤其是胃腸附近（有太陽神經叢）會感到很溫暖。

男性選擇年輕又活潑的女性，對視覺最為有利，但是從小學生、國中生等很有元氣的少年少女身上吸過來也不錯。但無論如何，都應該避免從因家事疲倦的太太或毫無元氣的人吸過來。萬一真的從那些人身上吸氣，不出數日那些人可能會生病。我們也可以從花草、樹木等植物吸過來，但這些植物並不太會發生強烈作用，只有補助的效果而已。

此外，每天施行日光浴，或用手掌從會發出紅外線的器具吸收熱，也有助於氣的強化。但無論是那一種情形，都絕對不可以洩精，如果認為精力已很充滿而隨便洩精，氣將永遠無法強化。萬一氣不斷的流到陽具，只要活動括約肌把氣引到尾閭，不斷的通過背肌提升到頭部即可。

心蕩神馳的快感世界

能感覺到氣的壓力時，不僅要讓氣在身體的前後繞動，也要試將氣傳送到手足的末端。

換言之，一邊做小周天，一邊從膻中或大椎附近把氣傳送到手指前端，從丹田出來後立刻傳送到腳底的湧泉，或是回到丹田後再由此傳到腳底的湧泉。

此外，也可以沿著肚臍和命門在腹部周圍繞一周。

中醫學認為，這裏有帶脈經絡通過，可以調節一切的氣流。有些人氣必須先在身體的前後繞動後，才能流到手腳的末端，但除非是精力強的人，否則最好不要繞動。因為氣繞動的範圍太廣，氣就不容易強化。最好還是先充分的加強氣的力量再繞動。

相反的，有些人雖然氣很有力，但卻很不容易傳送到手腳的末端。這種人最好把意識集中在會陰或尾閭、膻中、大椎。換言之，要把在泥丸溫養二十分鐘的分量移到這些地方溫養。也有些人只要直接把意識集中在湧泉就有效。

有些人把這個階段稱為大周天，但實際上這是小周天的連續。因為這些都必須經常使用意識，否則氣就無法繞動。

如前述，大小周天的差異在於前者不需要靠意識使氣繞動，而後者需靠意識來使氣繞動。我把這個既不屬於小周天也不屬於大周天的階段，稱為全身周天。

能完全做到全身周天時，就要不斷的把氣傳到腳趾前端，然後擴大到整個腳。這時候還不能感覺到一點溫暖的人，可能是氣還不夠強，所以要利用強化武息或增強精力來加強。

把氣擴大到腳時會感覺到壓力的人，要更集中意識使其感覺增強。然後，除了腳之外，也要在腳踝、膝蓋、大腿等部位集中氣來充滿壓力。不久，出現強烈的壓力時，要靠意識把這個氣放射到外界。

究竟要如何放射呢？方法很簡單，只要想像氣向外放射即可。一次不成功，可以多試幾次。意識最好集中在距離腳稍遠的空間，如果距離太遠，第一次嘗試的人是無法成功的，所以要集中在距離約一公分遠的空間。換言之，氣從腳趾前端放射出去會比較順利。

從腳趾前端開始放射後，再把那種感覺逐漸的擴大到整個腳。再以像要從腳底強烈放射出來一般的集中意識，感覺將會更清楚。氣從整個腳放射出去時，腳的壓力會減少，變成像被東西包住一般的感覺。讓這種感覺充滿整隻腳，通過臀部或腰部。在這裏暫時停止，然後再一次的把意識集中在整隻腳，進行更強烈氣的放射。

其次再移到手，但是將意識移到手時，如果在整隻腳的氣突然消失，那就表示修行還不夠。必須再連續數天把氣集中在整隻腳，直到即使把意識移到別的地方，氣也不會消失為止。

能夠完全做到這個地步時，再把意識移到手掌使氣集中。氣能夠傳送到手指前端時，就要從手掌放射出去。前面曾經為了感覺氣經常利用手掌，所以應該能很簡單的把氣放射出去。但初學者還是把二手掌交叉比較能夠清楚的感覺到，所以最好是把二手掌交叉放在下腹上。

能夠從手掌放射氣後，再把這種感覺移到手臂，甚至擴大到胸部、背部的部分。能夠成功的從手腳放射氣，再讓這種感覺擴大到身體的其他部位，最後才從整個頭部往空間放射氣。

這時整個身體會像被磁界包住一般，感到非常輕鬆舒暢。從頭部放射氣時，頭腦會很清醒而無任何雜念，如被汪洋般的感覺包圍住而渾然忘我。

在這個階段，有的人會覺得很舒服，習慣後，整個身體就產生一種麻痺而變成無與倫比的恍惚感。就像快感一樣，是那麼的奧妙。這種麻痺的出現方法也和氣的放射一樣，是從腳趾的前端開始。全身都變成這種狀態後，再把意識集中在下腹，就會以下腹為中心，產生強烈的感覺。

冥想很深入的人，有時也會看見光。也有人會感覺到射精時的快感，而在不知不覺中差一點就洩精。

這時候要把肛門往上緊縮，使氣從陽具回復到下腹，不久就會開始回轉。

然後，連續的感覺到射精時無法感受到的強烈快感，整個身體變成幾乎要被快感吸入的狀態。此後，會被陶然或恍惚感所籠罩。

如果意識不離開，這種狀態可持續二十～三十分鐘之久。到了這種地步後，每

氣的放射

天都可以產生此感覺，不久之後，幾乎不必集中意識也能夠進入這種狀態。

能夠做到這種程度時，就不再需要施行小周天了。

可能一進入冥想就會在丹田或泥丸感覺到氣的壓力，而直接傳送到手腳的末端，使整個身體充滿了氣。不久之後，即可進入冥想，氣也會自行傳送全身，很自然的形成這種狀態。當然身體也被強烈的快感所包圍，進入無念無想的狀態。這在仙道稱為大周天。

精力充沛的人或年輕人，實行仙道時，因為氣勢太強，所以，迅速的通過背骨進入泥丸，這也稱為大周天。這二者表面上看起來似乎正好相反，但最後還是會變成完全相同的狀態。

從小周天到全身周天再到大周天的人，雖然氣不會迅速的上升，但氣卻會在無意識中充滿全身。

因為氣的力量已經充分強化，神經也被開發出來，所以氣也能通過背骨中。但氣會慢慢的通過，不致有任何衝擊性的感覺。

精力充沛的人所做的急遽大周天，是由於過去從未被開發過的背骨神經突然的被開發，所以，受到很大的衝擊。但因為它是被瞬間性開發出來，所以一下子就跳到小周天——全身周天——大周天型的狀態。

以後只要努力向全身送氣，氣就會在無意識中充滿全身。精力極顯充足，所以不會有氣強弱的問題發生。

這二種型態完全相反的大周天，只是順序不同而已，至於過程和效果幾乎毫無兩樣。其根本的差異，只在於體質的不同而已（即精力的強或弱）。順便一提的是，在下腹集中意識會特別感到強烈快感時，為了防止洩精，氣會向泥丸強烈的上升。這時候經常通過背骨中而上升，雖然速度較為遲緩，但也會產生和精力旺盛的人的大周天相同狀態。

大周天是和小周天不同，它有幾種型態，所以不必拘泥於某一種型態。最重要的是，氣要能夠通過背骨，並在無意識中循環全身。

如果這時候呼吸很平靜幾乎無法感覺到，或是閉目時會在黑暗中看見光，你就可以認為已經進入這個狀態。關於這一點，在下一章的「仙道深層冥想法」再詳細說明。

總之，氣從全身放射出來時，就要儘量擴大這個氣的範圍。起先只要擴大一～三公分即可，等到習慣後再擴大到距離一公尺遠的空間。這時候如果想要一次就擴大到四面八方必慘遭失敗，所以應該依照前後，左右，上下的順序來放射。但每次只能一點一點的交互擴大。能擴大到二～三公尺時，整個室內隨即變得像被自己的氣所充滿一般。這時候要停止意識，將自己置身在那個氣之中，這樣就可以進入非常安心的境界。

進入這種狀態，夏天不會感到炎熱，冬天也不致感到寒冷，討厭的事也不易浮現心頭。只會感到自己的純粹意識像飄浮在汪洋中，肉體感覺也處於幾乎無法感覺到的狀態。

根據經驗，這時候氣的範圍在一公尺左右時最強，也最容易感覺到肉體的恍惚感。當氣擴大到整個空間時，就會產生自己消失一般的感覺。

其施行的秘訣，要先提高精力，身體的情況不佳就愈不容易完成。

第三章

仙道深層冥想法

正確的接觸

能做到仙道昆達利尼冥想法之後，就可以立刻進入這個深層冥想法。

本來這二個冥想法是完全一樣的，其差異只在於冥想時形態不同而已。這就像在表層冥想法說過一樣，採用集中型的冥想，比較容易開發昆達利尼，採用遲緩型的冥想，比較容易進入深層冥想法，因此，只能以方法的不同來加以區別。

事實上，遲緩型的冥想也能開發昆達利尼，只是所需的時間較長罷了。本書為了讓大家都能夠確實的提早開發昆達利尼，特別在這一章加以說明。

任何人只要能夠抓住「氣」，也就能抓住昆達利尼，輕易的進入深層冥想。因為能夠自由感覺到氣的這種能力本身，才是一種潛能的開發狀態。

實際上，只是用無念無想來冥想，或是對某一對象繼續集中意識，就會突然出現過去完全沒有經驗過的狀態。那不只一次，而且會陸陸續續的出現各種新的狀態，令人無法知道它究竟要到什麼時候才停止。

當我們看了致力於仙道的先人所遺留下來的記錄後，才知道自己也已經進入了「悟」的世界。說到這個「悟」各位也許會覺得很抽象而無法領會，但那是指得到自由這種極為單純的事。

例如，精神的自由、肉體的自由，以及其他不被任何事物所束縛的狀態。也就是可以看見這個宇宙的真實動態，並且可以在其中自由活動的意思。那並不是一次就可以完全了解的，必須慢慢的去了解，所出現的各種狀態，都是為了告知我們的一種暗示。

若是不小心隨便做這個階段的冥想，往往會被奇異的感覺所迷惑。例如，會把各式各樣的光看作是神或超自然的現象，把突然聽到的談話聲當作是靈聽。這一切都是深層意識的行為，但是，自我意識很強的人或容易被暗示的人，都會認為這是實在的東西。

禪等稱此為魔境而加以排斥，這也是有其道理的。但想要單方的加以排斥，卻值得考慮。因為如果能夠巧妙的利用這些狀態，很難開發的深層意識之源——大腦的深奧部分或自律神經，也能做某種程度的自由調整。

性格、體質、疾病、心中苦惱的原因等，都可以輕易的抓住，並可以立刻的了解其治療的方法。

但深層意識的處理方法很困難，如果沒有良師指導，有時候會誤入歧途。所以特別的把這個階段的開發法要點寫出。希望身旁無良師指導的讀者，務必隨身攜帶本書來加以研究。

深層冥想法的領域比氣或昆達利尼更缺乏科學的根據，要完全的解釋是不可能的。在此儘量以科學的方法來解釋，希望大家不要只用神秘的眼光看它。

到這個階段為止，對於氣的循環已經相當具體說明過的仙道，也會突然感覺過分神秘而無法了解其理由。

一般仙道的同類針灸醫學，也認為這個地方和醫學沒有關係，所以，不刻意的加以解明。反而在繞動氣的階段，狀態曖昧模糊的瑜伽，比較能具體的表示這個階段冥想法的做法。

本書配合了仙道和瑜伽的有用部分，然後做科學性的分析，以便幫助更多人能夠進入這個階段。

腦——未知的宇宙

為了科學性的進行深層冥想法，有關的最低限度科學知識是必備的。與其說是科學知識，不如說是生理學知識來得正確些。因為要施行這種冥想法時，關係最深的還是腦或神經的作用。

腦是創造人類意識的根源，不靠意識也會發生作用的，例如呼吸、消化、平衡感覺等，也是由腦來擔任。這些意識或無意識的各種作用，都是在腦的各部分進行。

腦可以大別為大腦、小腦、間腦、腦橋、延髓等。此外，由此延伸的脊髓、體性和自律二個神經系，也可以視為其一部分。

其中，可以發現意識功能的只有大腦，其他幾乎都是屬於無意識。接收到外界的信號時，會立刻感覺的體性神經的感覺中樞也是在大腦。

大腦會發出二種不同的意識部分，其中之一往往會在意識的識域（意識作用的界限）下。掌管這個識域下的部分，就是所謂的大腦邊緣系或舊皮質、古皮質的部分，和食慾、性慾的本能有密切的關係。

相反的，掌管日常最普通意識的部分，則是所謂的大腦皮質或新皮質的部分。大腦皮質經常被當作表層意識。平常的思考、意志、情緒等意識，都是由此產生的。

大腦邊緣系的大部分都是屬於表層意識。例如，想要吃飯，想要做愛等的意識，都是由此產生的。

這個部分主要是流露本能或慾望的地方，所以文明愈進步的社會，愈是用人為的力量加以控制。因此，由那裏產生的意識，大多會被壓抑在意識下而潛在化（深層化）。

心理學家所說的深層意識，就是指這個被壓抑的意識。因為大腦邊緣系經常會糾纏在一起，所以不被看做是它的中樞。但深層意識有時也會和大腦皮質的一部分或自律神經的作用糾纏在一起，所以，我們不應該認為深層意識等於是大腦邊緣系的作用。只是大部分的深層意識都和它有關，因此，可看做是中心部分而

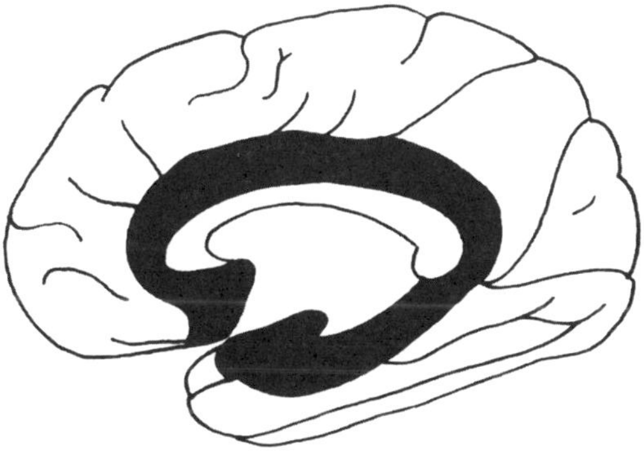

大腦皮質和邊緣系

不必在乎。

現在的大腦生理學，已經知道腦的各部分有下列的功能。

大腦皮質包含有語言、運動、體性感覺（臉、手、腳的感覺）、聽覺、視覺中樞等。這些中樞聯合起來，形成了各種複雜的意識。

大腦皮質可分成四個部分，其中的前頭葉掌管前述中樞中的語言（說話），頭頂葉掌管體性感覺和味覺，側頭葉是掌管語言（理解和記憶）、聽覺，後頭葉是掌管視覺。

這四個部分必須聯合起來發生作用，才能施行身為一個人所必須的精神活動。

其中，前頭葉能夠表現意志，創造、情緒（悲、喜）等精神上的高度功能，被稱為「情和意的精神之座」。其他的部分是主宰理解、認識、判斷、記憶、知覺等的能力，被稱為「知的精神之座」。

大腦邊緣系在這個大腦皮質之下，由下面幾個部分組成。其一是舊皮質，在這裏有嗅覺中樞。其二是古皮質，在這裏有原始性的記憶中樞，其功能與大腦皮質的記憶中樞不同。

雖說是原始性的東西，但為了識別對自己的利害，卻有超群的作用。學者為了將它和大腦皮質的記憶中樞所作的精密記憶加以區別，稱之為印象的銘記。此外，這雖然和其下面的間腦功能很難區別，但也有些學者設定所謂的邊緣性皮質，據說其中有溫感、痛感、內臟感覺（空腹等）等的中樞。

總之，大腦邊緣系可以使食慾、飲慾、性慾、群集慾、恐怖，發怒等意識呈現出來，被稱為「本能、情動（單純的感情）之座」。

在這個邊緣系下面有所謂的間腦，可以分成幾個詳細的部分。前面所提及的邊緣系的意識化作用，大部分都是在這裏發生的。其中特別重要的是所謂的視床下部，它可以成為前面所提到的本能之源的中樞，除了都集中在這裏，也集中在自律神經和內分泌的中樞。這裏是維持生命體的生命之座，萬一失去了它，即使是片刻也無法生存下去。因為本能中的呼吸雖然是在無意識中進行的，但卻與它有密切的關連。

中腦主要是掌管平衡感覺，除此之外還包括睡眠和覺醒的網樣體部分。

小腦主宰運動的表現和姿勢的調整，它若是受到傷害，只是會影響到運動機能，對於生命並無直接的影響。

腦橋的功能在於保持肌肉一定的緊張，與無意識中進行的內臟活動有關。

延髓是神經的傳導路，可以視為腦和神經的橋樑。

其中只有大腦可以說是「意識之座」。大腦的體積並不大，但其功能卻非常驚人，連最新式的超級積體電路也無法與之匹敵。大腦皮質有一百四十億個神經細胞，這個神經細胞呈非常細小的纖維狀，糾纏在一起形成各種電路。大腦愈使用，此電路愈複雜，頭腦的作用也愈佳。但因為它是如此的龐大，所以也永遠開發不完。如果能夠全部的自由使用，那就會變成超人。

因為它是如此的龐大，所以它所密藏的世界也是深不可測。深層心理學認為看過一次的東西都會被記憶下來，這似乎是事實。有些人偶爾在無意識中想起已經完全忘記的事情，這是因為某種刺激對那個電路發生了作用，使得記憶再生之故。但是在日常生活中，如果所有的事情都可以回想起來就糟了，所以必要之外的東西都被埋藏在意識的深處。

此外，大腦皮質也擁有我們無法想像的功能。至於大腦邊緣系更是不可思議，目前我們根本無法了解它。其中特別有趣的是夢。

夢是我們的意識無法控制的，大部分的夢都和我們的本能有關，是非常慾望性的。而且，時間和空間的概念也很複雜。有時候，十年前的朋友和昨天才認識的朋友會一起出現在夢中。但由於夢，我們的意識才能夠從日常生活的抑壓中獲得解放，我們不可忽視它。

更有趣的是，內臟的感覺和夢的關係。當膀胱積滿了尿液時，我們就會做尋找廁所的夢；胃或心臟不舒服時，就會作惡夢。像這樣，腦擁有了超越我們日常生活的意識世界。

深層冥想法的目的，是為了尋找能夠有意識的和這些東西接觸的方法，甚至加以支配。

神經系的三個意識

發自大腦皮質和大腦邊緣系的二個意識為表層意識和深層意識，另外還有一個是完全無法意識到的意識，亦即無意識。我們平時經常會有無意識行動，大部分都是由深層意識的作用引發的。

換言之，它並不是這裏所說的無意識，而是深層意識。心理學一般都是以深層意識來使用，而這裏所說的無意識，稱為「意識外」來加以區別。這種無法意識到的意識，亦即所謂的無意識，主要是指在無意識中所做的維持生命作用的事情。

睡眠中，心臟仍然繼續活動，胃也會消化食物，腎臟也會過濾體內的毒素，這些都是由於這種無意識的作用產生的。除了內臟，我們身體的任何部位也都會不分晝夜的進行這種作用。天氣炎熱時，汗腺就會流出汗來調節體溫；天氣寒冷時，立毛肌立即產生雞皮疙瘩來防止體表熱的發散。

此外，人體生長或發育所不可或缺的內分泌，也是在無意識中進行的。如果這種作用不正常，身高就會長不高成為侏儒，第二性徵也不會發生。不但如此，在危急時，因為副腎荷爾蒙等不會分泌，所以無法應付壓力來保護生命體。

這種作用不僅對人類很重要，也是生物維持生命時所不可或缺。這些大部分都是由自律神經的作用引起的。大腦以外的腦神經作用也多多少少是屬於無意識的範圍。

例如，睡眠和覺醒、姿勢的矯正、反射運動等。這些行為一邊使用體性神經，一邊只靠中腦、小腦、脊髓來處理，所以信號才不會傳到意識之座的大腦。結果只能知道它的作用。

實際上在自律神經的作用中，也有幾個和它一樣，只能知道結果而已。例如，感到肚子餓或很飽，想要做愛、想要解大小便等的本能慾，都是無意識所發出的信息。這些都會在大腦邊緣系被意識化。

更有趣的是生病時，我們能夠知道身體有多麼虛弱，這都是自律神經的傑作。

究竟表層意識、深層意識、無意識三個意識的關係有多密切呢？如果從純解剖學上來說，表層意識、深層意識都和大腦皮質、大腦邊緣系有關；高等的意識等於表層，亦即皮質，而低級的本能等於深層，亦即邊緣系。像這種混合在一起的狀態，前面曾經列舉過數個例子，相信大家都已經很清楚。

無意識也是一樣，不只是自律神經的問題。例如，在腦中想像某些可口好吃的東西時，就會突然的產生食慾；看見美麗的裸婦時，就會頓時產生性慾。

相反的，用腦過度時食慾和性慾減退。這些都是發自大腦皮質、大腦邊緣系的意識，但卻會在自律神經所掌管的內臟表現出反應，這是因為它們彼此都利用神經來聯絡。

此外，有自律神經中樞的間腦也是腦的一部分，和大腦完全的連在一起。換言之，不管是發自何處的信號都會先傳到間腦。但是接受到信號的部分，有的有反應中樞有的則沒有，所以才會發生完全不同的作用。

心理學也認為這三種意識是連在一起的，並沒有清楚的劃分各個意識的範圍。平常我們所意識到的意識（即表層意識），也是因人而異。

例如，對於平常本能性生存的人而言，性慾、食慾部分都會成為表層意識，而智慧等會潛在化。相反的，過著智慧性和道德性生活的人，在大腦邊緣系所進行的功能（即本能、慾望）容易潛在化。

此外，本能性的東西和無意識及深層意識很密切的糾纏在一起，所以無法區別究竟是從那裏發出來的。

所謂的超能力者，經常會看見普通人所無法意識或感覺到的事物，這是三個意識的表層化和深層化，因人而異的最佳例子。對超能力者而言，其深層意識或無意識的一部分，已經完全的表層意識化。

對於這一方面並不關心的人，可能比較不容易了解，現在依照自己的方式整理，以便使大家能夠更了解。

首先就是表層意識，大家只要把它當作經常感覺或意識的部分即可。雖然不經常的意識到，但只要能想出來就可以意識化的東西也包含在內。

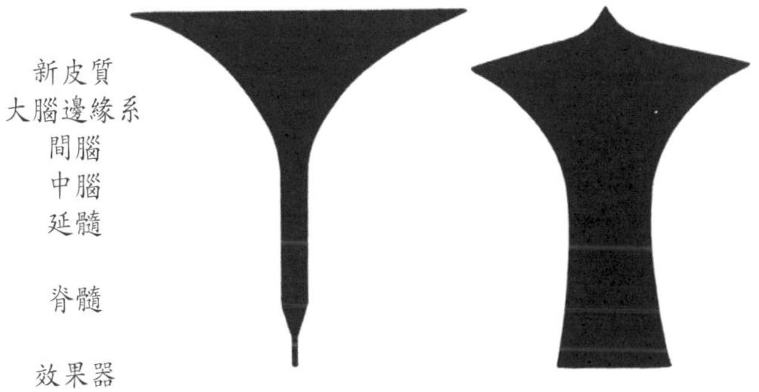

表示利用體性神經和自律神經統合作用的腦脊髓軸的高度差異。

深層意識可以當作經常不會意識到，而且即使想要想出來，也不容易意識到的意識；完全忘記而無法想出來的東西也包含在內。但其前提是，使用某種手段（精神分析、催眠術、衝擊等）就可以意識化。

無意識是指，無論是表層意識或深層意識也都無法意識化的東西。只有像吃飽飯一樣，當作結果才能意識到其狀態。

這三種意識是由大腦皮質、大腦邊緣系、間腦——即自律神經所發出來的。大體上來說，這三者和表層意識、深層意識、無意識有下列的關係。

普通人只能控制表層意識而已（無法

感覺到），如果使用某種方法，連深層意識、無意識也可以控制。那就是要開發神經系，其方法有直接和間接二種。

直接的方法是，使用本書說明過的方法，把所有的神經意識化。

間接的方法是，從其結果知道神經開始發生作用，相反的加以利用而控制。這是精神分析醫生或心理醫生經常使用的方法。

效果當然是直接的方法較大，但也有缺點；因為對於任何感覺的反應都會變得很大，所以神經容易興奮。為了避免這種現象，必須好好的冥想。宗教性覺醒的人，經常隱居在感覺刺激很少的深山，即是這個道理。天生的超能力者如果沒有這樣做，就會在平常的環境中像發瘋一般或百病叢生。

間接的方法雖然效果較小，但相對的問題也較少。因為這樣很不容易了解真正的事，所以只靠自己是無法做到的。自己一個人也可以做到的是，只限於會自我催眠的人或曾經真正以科學方法研究過身體的人。話雖如此，這些人也無法避免的會有類似隔鞋搔癢的愚笨行為出現。

意識和無意識

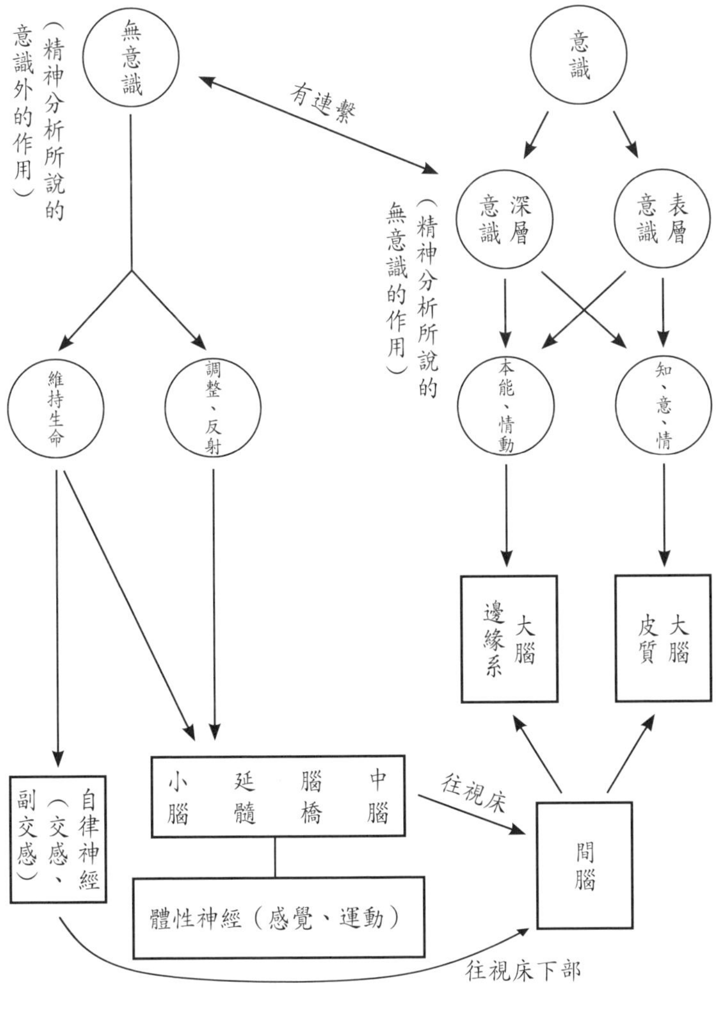
無意識
（精神分析所說的意識外的作用）
有連繫
意識
深層意識
表層意識
（精神分析所說的無意識的作用）
維持生命
調整、反射
本能、情動
知、意、情
大腦邊緣系
大腦皮質
自律神經（交感、副交感）
小腦
延髓
腦橋
中腦
往視床
間腦
體性神經（感覺、運動）
往視床下部

覺醒和睡眠的冥想狀態

想要隨著意識的三種狀態一起施行深層冥想法時，最重要的是睡眠和覺醒的過程。因為能夠測量睡眠深度的腦波，直接和冥想的深度成比例。

普通睡眠和覺醒的過程，是在中腦的網樣體進行。這裏對意識而言，有時候是比感覺神經更重要的器官。意識是發自大腦的作用，但想要支持它必須有二個刺激。一是來自感覺神經的刺激，稱為感覺作用；二是來自網樣體的覺醒刺激，稱為賦活作用。

這些會先傳到間腦的視床或視床腹部，再從那裏傳到大腦。賦活作用停止時就會睡著，在這個狀態中，不論感覺刺激如何傳到大腦，也無法意識化。唯一的例外是，只能在夢中意識化而已。

網樣體受到來自感覺神經的刺激才會活動，所以在感覺刺激很少的地方，機能會自動的降低。在夏日的悠閑日子中，人們若是處於寂靜無聲的地方並且不做任何事，就會覺得很睏，原因就在於此。

網樣體——感覺神經——視床和自律神經——視床下部二條路徑，都擁有能夠發現人的意識根源的感覺作用和賦活作用。第二條路徑也進入大腦，專門掌管「本能之座」大腦邊緣系的睡眠和覺醒。換言之，以往所說的大腦，正確而言應該稱為網樣體。感覺神經的路徑，它是專門掌管大腦皮質的睡眠和覺醒。

根據研究顯示，普通睡眠在一個晚上之中，會有REM期和NREM期交互出現數次。

REM期，是睡眠中眼球仍會急遽活動的時期。這時候，腦波的振幅很小，近似覺醒時的振幅。

NREM期正好和前者相反，是表現深眠的狀態。作夢時大多是REM期，幾乎沒有人會在NREM期作夢。

以腦波而言，REM期可以看見波，其別名為「海馬覺醒波」或「徐波」。海馬是位於大腦邊緣系的古皮質原始性記憶中樞，動物在興奮狀態時會不斷的由此發出θ波。因此，在REM期，大腦邊緣系的活動相當活潑，除了眼球的運動

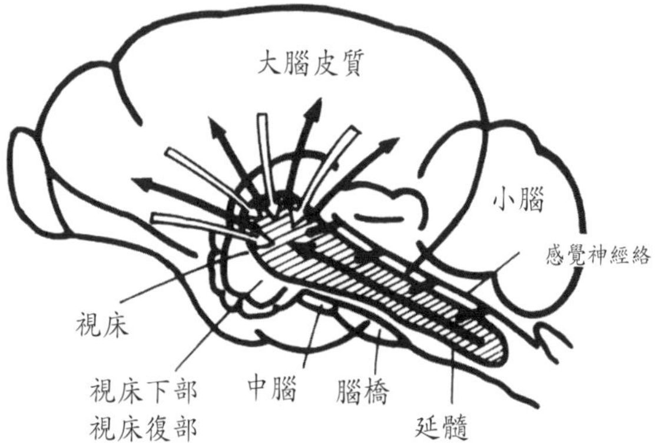

網樣體

之外，同時也可以看見心臟的跳動增加、呼吸急促，溫熱性發汗減少等現象。這些都是屬於自律神經的功能。

一般而言，夢的記憶都是亂七八糟的，而且慾望性很強。夢大多是因來自內臟的神經脈衝引起的。

換言之，我們的意識中心大腦皮質在睡眠時，大腦邊緣系有時候也會覺醒，其意識大多會以夢的形態出現。成為其原動力的是自律神經——視床下部的路徑。

大腦邊緣系在白天是躲藏在大腦皮質的功能之下，只發出一點點的本能或情動的意識，但是，在睡眠中就會進行自由的意識活動。因此，把夢加以詳細調查時，往往可以發現那個人被抑壓的深層意識。

除此之外，發自內臟的無言信號，也會被接受當作夢出現。利用這種現象有時可預知疾病及其療法。甚至神經所捕捉到的無數外界訊息，也會經過波動和經驗在只被常識性束縛的大腦皮質的睡眠時間，以夢來意識化。這就是俗語所說的「與事實吻合的夢」。清醒時會被大腦皮質的作用，當作心理作用來解釋的事情，在睡眠時，大多會因大腦邊緣系的本能性力量而意識到。

夢的世界比我們所能想像的還要深奧。冥想和睡眠很相似，這意味著我們可以意識性的來接觸這些東西。

表層意識、深層意識、無意識三種意識，在覺醒時只有最先開始的東西才能存在於意識的範圍內，但是在睡眠時一切的狀態都會出現。冥想時，就可以用覺醒狀態來進入這一切的狀態。其過程並不完全的被解明，但大體上可能是由於受到如下的心理學作用所支撐著。

首先是初學者的冥想狀態，因為還經常可以看見波長較短的β波，可知道其大腦皮質仍然很活潑。事實上，初學者在冥想中會被各種想法或空想、妄想所苦惱，這也可以由此得到證明。

再稍微習慣冥想，就可以看見α波。在這種狀態只會浮現零星的念頭，並沒有睡著。意識還是很清楚，與覺醒時並沒有兩樣。這是大腦皮質的作用已經開始被抑壓，而網樣體的作用卻依然如故。以睡眠而言，這個出現α波的大腦皮質狀態，等於入睡時或早晨即將醒來時很淺的睡眠狀態。

這個狀態的最明顯特徵，是對感覺的反應不太強。換言之，大腦皮質作用之中的感覺作用會降低，變成發呆的狀態。

睡眠時網樣體的作用也會降低，賦活作用也會立刻消失。但為何這個賦活作用會消失呢？這是解開睡眠之謎的關鍵，到目前仍然眾說紛紜無決定性的結論。但若是從結果來說，睡眠可以解除肉體和精神的疲勞，所以，可當做是為了消除疲勞而實行的生命體作用之一。

普通冥想大多是在睡眠後才實行，所以可能在賦活作用之前還不會降低。但很疲倦的人或感覺作用特別遲鈍的人，因為有睡眠的需要，所以，在冥想中睡著。這是因為網樣體的活動本身，被來自感覺神經的脈衝所驅動和維持之故。

在出現α波的冥想狀態中，對於來自外界的感覺反應會變得遲鈍，只有意識因賦活作用而依然保持原狀。感覺作用降低，感覺脈衝不在腦中穿梭，也沒有在全身穿梭，此時身心會很舒暢。

會出現比前者更深的θ波冥想狀態，以睡眠而言，很接近做夢時的狀態。在這種狀態時，大腦皮質是稍微受到抑制而處於睡著一般。當然其一部分仍然是清醒的，但已完全喪失統一性的作用。

大腦邊緣系在這個狀態，反而很活躍，這可以從腦波的檢查得知。這時候的腦波是θ波。可以看見相同腦波的冥想情形究竟是如何呢？這實在難以回答。因為清醒的究竟只有大腦邊緣系，或是連網樣體也很清醒，這一點到目前為止，仍是個謎。

唯一可確定的是，大腦皮質的感覺作用已大致的停止。在會出現θ波的冥想中，如果內臟的活動太強或有異常，神經脈衝會產生強烈的作用，造成夢一般的狀態。

冥想進入深的狀態後，會立刻聽見人的談話聲或看見東西在蠢動（人或神佛），就是在這個時候。

這和用頭（大腦皮質）在想時不同，沒有自己的意識感覺，好像是別人的意識。當然這是靠自己的意識做的，卻也無法控制。不習慣的人，會以為是超能力附身而能夠和靈界接觸。實際上這是由於內臟的神經脈衝，在大腦邊緣系發生夢一般的意識活動罷了。

從心理學說，這等於是深層意識浮現的一種狀態。

但這種不是夢的冥想中的夢現象，是在意識很清楚時也可以看見，所以很容易被誤以為是奇蹟。如果這是夢，自己也曾是其中的一分子，但是在冥想中，自己只當做第三者來看見它。其中有時候也會像與事實吻合的夢一樣，可以看見真的超現象東西。但大部分所看見的只是自己的深層意識，所以，千萬不要把它看得太認真。

如果太認真，就會把自己的深層意識看做是實在的東西，變得像神經衰弱者一般。

自古以來，大家都認為超能力者和瘋子只有一線之隔，那是因為有很多人往往在這個地方受到挫折。禪或仙道也可以看見或聽見這種東西，這時候最好不要加以理會。

如果從一開始就以科學的態度來接觸這些東西，可以看見平常自己無法知道的本身深層意識，因此，能夠了解周遭的各種事情。例如，自己的性格、毛病、真正的願望等，甚至疾病的原因也可以知道。當然，很淺的冥想只要長期持續，也可以把自己當做是第三者輕易的了解這些事。但關於本質性的東西，則必須等到這個階段才能知道。

比θ波更深的δ波的冥想期，在生理學上更不易了解。這相當於睡眠的熟睡期（NREM期），除了大腦皮質，連大腦邊緣系也停止活動。雖然很少人會在這個時期做夢，但還是有人會做夢，所以，可能有些人多多少少的，知道這些部分在活動。

雖然大腦皮質和大腦邊緣都停止活動，但自律神經或其中樞的視床下部還很清醒，所以，還能進行生命體的維持。換言之，這是非意識的意識，亦即只有無意識仍然覺醒著。

問題是，在冥想中人的意識中樞的二個大腦部分會停止活動，為何意識還會清醒呢？關於這一點，最好從會出現θ波的冥想，所產生的第三者性的不是夢的夢狀態（亦即會看見大腦邊緣系所發出來的意識這件事）來類推即可了解。

普通做夢時，只有大腦邊緣系在活動。這時，發生夢的作用和意識的作用會完全一致。

會出現θ波的冥想，也會看見另一個意識。那就是站在第三者的立場來觀察這個作用的意識。這種意識，從會出現α波的冥想狀態，就一直持續著覺醒的意識。

換言之，冥想狀態時清醒的意識，不論腦波會發出α波或θ波，它都完全不會改變。所不同的只是腦波或身體的狀態而已。大腦邊緣系發出夢狀態或偶而出現θ波時，我們最好把它當作是清醒意識所看見的其他意識。

由此看來，δ波出現時被當作意識存在的，好像也是這個意識。所不同的仍然是腦波或身體的狀態而已。這究竟是覺醒中樞的網樣體清醒著，或是覺醒意識在超越生命體機能的地方發生了作用呢？

唯一比較明確的是，普通人在這個狀態是完全沒有意識的。這時，神經會從外界和身體內部抓住各式各樣的能量來作反應。又因為沒有感情或思考，所以會實實在在的感覺化。恐懼或麻煩這些意識作用，是在大腦的二個部分有這種來自神經的脈衝進入後，再經由記憶和其他的再生造成的。但在這個狀態，卻完全沒有那種意識。

其意識宛如剛出生的嬰兒白紙般的意識。像δ波一樣時，就不會有以往在β波或α波所看見的腦波個人差。進入更深的地方時，個人差會消失，所有的人的腦波幾乎變成相同的形態。換言之，個性會完全的消失。心理學家都說，在真正的深處，不但是人，連動物、植物所有的意識都有關連。

雖然我不知道這是否能夠證明，但我曾經遭遇如下的經驗。

自從做過深層冥想後，有一天一個人委託我替他看靈性的事。我替他看了以後，覺得自己「氣」的狀態變得很奇怪；本來應該是要加以拒絕的，由於當時無法抗拒鑑定費的魅力，所以最後還是答應他的要求。我進入冥想變成半睡眠狀態時，像以往一樣，眼前出現了光，最後它開始形成各式各樣的形態。我把所看見的形態一五一十的告訴那個人。

他問我為什麼會看見他心中的念頭？其中，有些是連他自己也不知道的，而那些正是他在小時候所經驗過的事，或是後來曾經驗過但已忘記的事。我甚至可以看見對方當時沒有在想的事，後來我才了解其真相。

因為當時我所看見的是對方的深層意識。結果雖然沒有出現幽靈，但自從那一次以後，每當情況良好時我就可以看見別人的心事。

總之，冥想狀態和睡眠狀態很相似，而且從大腦生理學或心理學的領域看來也相當的接近。但是我們不可忘記，它們之間還存在著一個未知的謎。

肉體波動和意識的場所

瑜伽經常教人以想起痛苦時或快樂時的狀態來做冥想。據說，這樣身體就會自動的變成那個狀態。

仙道也是一樣，當陽氣（熱）充滿在體內阻礙冥想時，最好想起能夠發出黑又冷的氣的球，並想像那個球進入體內發生作用。

這些事情表面上看起來好像很不科學，但做起來卻很有效果。相反的，非常疲倦或內臟、體表的某一部分有異常時，精神也會焦躁起來而不容易冥想。

像這樣，肉體和意識的關係實在很密切。這是由於神經使得大腦和身體的各部分密切的連在一起。換言之，在任何地方發生的神經脈衝，都會流到他處產生作用。

能使這些部分意識化的是大腦皮質。因此，如果能夠控制這個地方，即使來自末端的疼痛刺激也不會感到疼痛。

佛語「心頭滅卻火自涼」，即言「心頭冷卻了，火也會覺得很涼」，從生理學上來說也有其真實性。

相反的，由於在心中想起快樂或舒適的狀態，身體也會被帶入那種狀態。這時候並不是要用大腦加以抑制，而是使用過去記憶的再生作用。但是，想像力必須相當豐富，或是過去經驗的再生能力很強，否則就不會發生作用。

由此意義看來，這對於健忘而且感受性較差的現代人，或許稍微困難。其施行的秘訣，要在這個體驗中造成飢餓的狀態，然後急遽的給予體驗或平常就不斷的反覆相同的事，以此深植於心中或身體。

最確實的就是抓住氣，持續這種用意識控制的訓練，就會物理性的使肉體產生溫度變化，表現出各式各樣的心理狀態，好比在現實中體驗一般。

人體能量的控制法

從全身把氣向空間放射，讓身體置身其中的訓練法，我們已經在仙道昆達利尼介紹過。這完全是用意識來控制氣。但是，在那種狀態由於被出神的感覺所包圍，所以，會在不知不覺中變成無念無想。

因此，這裏所說的使用各種意識狀態來控制氣的方法，如果不加以設法就很難成功。無念無想之後，氣自然的開始作用，往上面的階段進行。但這很難產生速效。

為了避免如此，必須要利用意識來施行使氣的狀態變化的訓練。這個訓練用昆達利尼瑜伽的方法比較具體，所以這裏和過去相反，以瑜伽為主，仙道為輔來做說明。

覆蓋在自身周圍強烈的氣的磁界（由於無適當的詞句，才如此的稱呼），是從人體能量這種實在的東西產生出來的。但是，讓它成立的卻是意識（或其結果）。如果沒有意識的作用，就不會產生能如此具體感覺到氣的磁界。

由此可知，意識秘藏著相當強大的力量。想要變化或控制這個氣，當然要借助意識的力量。過去因為感覺到氣，所以意識才能集中，但今後除此之外，也要把意識的變化普及到氣，或是從氣的微妙狀態來了解精神和肉體的變化。

具體上，這要從如下的訓練開始著手。

讓意識興奮後，立刻試試氣是否也變得強而有力。像呼吸法或下腹運動等物理方法都不可使用。只能靠意識是否能夠造成那種狀態。

其秘訣是，想起過去因某種事物感到興奮或吃驚時的狀態，並把它深植心中。因為最重要的是那個感覺，所以，不可以把浮出的念頭，原封不斷的展開下去。

如果那時候身體和氣的狀態能夠清楚的記憶，就要立刻回復到無念無想的狀態。剛開始要使這種感覺再生，必須先在心中清楚的浮出情景，否則就不會順利。但是習慣後，什麼都不必想，只靠氣就能進入那狀態。

氣的興奮狀態能夠自由的表現以後，就要創造氣的輕鬆狀態。其方法完全相同。但浮在心中的東西和興奮正好相反。最好是想像被某種東西抱住感到安心的狀態，或是無憂無慮即將入睡的狀態。

其次，要想像自己在夏日裏，被艷陽照射的感覺。這可以使用於寒冬冥想時。這種感覺可以出現在全身，也可以集中在特別感到寒冷的部位。寒冬時連身體內部都會感到寒冷的感覺，可以使用於炎夏的冥想。想像自己處身於冰庫中或雪景中也有效。

但千萬不可以想起飲用冰涼飲料的情景，否則修行必然中斷，而產生實際想要喝飲料的欲求。同時，也要避免會過分刺激慾望的東西。

除了這種借助外界的意識狀態來變化氣的狀態訓練之外，想起覆蓋自己的氣的磁界本身時大時小，或是力量時強時弱也很有效。

上述的事情都能夠做到之後，再在氣本身增加各種趣味或色調的訓練。

首先從快樂的事著手，把童年快樂的事或令人懷念的事描繪在心中，然後把那種感覺以氣的形態表現出來。重要的是，那時候只有氣所接受的感覺而已，所以千萬不要一直陶醉在懷念中而忽略了心。

同樣的，在心中描繪精力充沛、心中充滿感激、心中充滿希望、健康又活潑、心情平靜等對心理有正面作用的狀態，讓氣來記憶。

千萬要避免在心中描繪失望、悲傷、充滿恐懼等，對心理有負面作用的狀態。這種感覺連邊也沾不得，否則包住自己的氣的狀態會立刻變得很怪異。如果只是變弱或消失那還好，但事實上還會引起肉體的異常。

如果進入這個訓練的人，其日常生活中經常遭遇到各種問題，在環境改變前，最好暫時回到原來的無念無想狀態。也許有些人會懷疑是否只要想起快樂的事即可，如果每天有討厭的事發生，心中想起某件事時，擔心的事也一定會隨之而想起。因此，在環境尚未改變之前，內心還是保持空虛（中立的）較佳。

這也適用於深層意識的開發。把自己內心的潛在部分表現出來，不久之後，恐懼或不安會躍在眼前。其出現的方法因人而異，有些人會看見可怕的妖怪或感覺到恐怖的慘景。因感覺到這些現象的是自己的意識之座——大腦，所以應該儘量虛心的施行，不要想太多。

雖然同樣是出自深層意識的東西，但好的東西應該充分的提出來讓自己的氣記憶。這也許有點像在打如意算盤，如果不抱持這種心情，精神就無法強化。

衷心信奉神佛的人，可以依靠神佛和發自深層意識的恐懼和不安對抗。但只能把這種信仰當做突破的手段，否則反而會被神佛所迷惑。因為現代人大多是合理主義者，應該以科學的立場來處理這些現象。

另一個類似這種訓練的，是使用實際顏色的方法。這是以看見顏色或想起顏色來作類似前者的訓練。

關於這一點，在此特別詳細說明，以供各位參考。

【紅色】

如果不是濁紅色，意味著精力、力量、熱情，這經常可以在領導者、積極分子的「歐拉」中看見。這是自我中心又衝動的行動形態。這個紅色為暗濁色時，是表示殘忍又好鬥的人物，大部分的殺人犯都擁有這種顏色。粉紅色表示未成熟，所有的紅色都和神經有密切的關係。例如，下顎周圍有紅色閃光，即表示有牙齒的毛病。

【橘色】

這是溫和的人道主義者，表示思慮很深的人。黃金橘色意味著能夠自我控制的優秀人物，印度苦行僧所穿著的衣服顏色就是這種橘色，這種顏色也是生命力的象徵。

帶有茶色的橘色表示缺乏工作熱情的懶人。如果這種帶有茶色的橘色出現在腎臟附近，意味著那裏有毛病。

【黃色】

表示身心健康，意味著靈性很高的完人。亦即擁有高度道德感和完整智慧的人物。普通的黃色表示擁有良好的知性、友好性，既開朗又健全的人物。帶有紅色的黃色，表示精神上和肉體上都很膽怯的人或意志薄弱的人。帶有咖啡色的黃色是表示想法不健全的人或卑怯者。

【綠色】

這是代表生命力和健康的顏色，在醫生的「歐拉」中含有很多，是醫生和護士的顏色。綠色和藍色混合的顏色表示誠實度，也表示可以教導他人的人物。混濁的黃綠色是表示不誠實的人。

【藍色】

這是象徵靈魂、祈禱、反省的顏色。擁有靈性心的人，其「歐拉」之中幾乎都會擁有相當的藍色。淡藍色表示缺乏深思熟慮，容易被人迷惑的人。中度的藍色表示工作勤勉的人。深藍色大多表示容易被氣氛所左右，但對義務很忠實，可以成大事的有能力人物。

一般而言，藍色表示知性的事情，大多是在科學、藝術、服務活動等領域有作為的人所擁有的顏色。濁藍色表示憂鬱，擁有這種顏色的人，大多是經常為頭痛苦惱或有悲傷經驗的人。

【紫色】

這大多是真理的探求者和宗教家的顏色。在日本，這是高僧所穿著的衣服顏色。一般都是表示濃厚的宗教感情。紅紫表示嚴肅又神經過敏的人，而略帶威壓性的人也有這種顏色。

【白色】

這是表示完全度。白色是由所有的顏色調和而成的，靈魂能保持均衡而完成時，就會放射出白色的「歐拉」。白色也是純潔和清潔的象徵。達到高度意識狀態的人，例如基督、佛陀就是擁有這種「歐拉」的神秘家。

【灰色】

這種顏色不能單獨表現出來，但在「歐拉」以外的顏色中混有灰色時，就表示不健康或性格軟弱。如果身體的一部分被灰色蓋住，表示那個部分有毛病。如頭部有灰色，就表示會因頭痛而苦惱。

因為有些人對顏色固有的印象並不相同，所以並非每一個人都是如此。如果那個顏色對自己只有負面的印象，就不必拘泥前面的敘述，只要使用最適合自己顏色的印象即可。

本書在後面還有介紹使用顏色的訓練法，這是適合於不了解氣的初學者所使用，所以，只提出重點來說明。

首先，在全身周天把氣放射到周圍後，試著在心中想起這些顏色。接著，用和剛才一樣的方法記憶氣的變化情形。顏色的印象明亮又會發出光輝的較佳，抑鬱的顏色則儘量避免。如果只有顏色的印象不容易浮現，也可以想起各季節或天空的顏色。例如，晚秋澄清的藍天、夏天海上黃昏的紅色，透過初冬枯萎的街樹，可看見黃昏透明度很高的紫色等，最好和情景一同想起來。

最初在心中想起這些色彩時，雖然會使氣產生變化，但不久之後，相反的會從氣本身感覺到這種顏色的氣氛。

瑜伽所說「歐拉」的顏色，是放射這個氣的人或物的特有顏色，普通人很難做到這種程度。能夠看見「歐拉」的人，也只能看見他人的背後有朦朧的白色輪廓而已。但是施行這種訓練，就會像是能夠感覺到那種顏色一般，不久之後就能看見。

每當我們遇見強烈的光或色彩時，判斷力往往會混亂，可見顏色對腦有相當的影響力。所謂的色彩心理學，這種心理學所以能夠成立就在於此。至於氣和顏色的關係，可以從下列的事情得到說明。

氣是能量，亦即某種物體或現象所發出的波動，所以，可根據那些東西的固有性質或某時刻的狀態，獲得各種波長。這種波長的差異，可以當作不同顏色的光感覺到。

一旦能夠熟練用心使氣變化成各種狀態，當氣氛或身體狀況不佳時，只要稍微動一動心就可以恢復到兩者的良好狀態了。這時候，生命體所發出的能量（亦即氣）會開始作用，所以不會像催眠術一樣只有心情會好轉，而原因依舊會保留下來。亦即身心會一起恢復正常的狀態。

但必須注意的是，一定要不斷的使氣和心一起配合訓練，否則就會和催眠術一樣沒有多少差別。

在身體深處看見光的方法

能夠充分的控制自己的氣，早晚會在冥想中看見光。所謂看見光，並不是指睜開眼睛來看，而是指閉著眼睛在黑暗的空間中看見光。

例如，施行表層冥想法可以看見像是從針孔射入一般的光點。有些人會看見朦朧、明亮的光雲，宛如在澄清的夜空下看銀河一般。有的人會看見各種形態稍大的光點。

像這樣的光，只要有心想看任何人都可以看見。只要稍加注意，不必冥想也可以看見。如果你從未冥想過，那更方便。請試著閉上眼睛，注意看眼皮的背面。這時候，如果周圍很明亮，就會透過眼皮感覺到亮度，所以最好在稍暗的地方做。

其結果可能會因人而異，有的人是看見明亮的點，有的人會看見朦朧的光塊，也有些人什麼都看不見。這主要因各人的視神經狀態而定。

一般而言，過分緊張就會看不見。任何人只要習慣冥想之後，全身的緊張就會因放鬆而消失，而且可以培養集中力。

利用這種光可以開發「查克拉」。查克拉是出現在體內光的地方，同時也是控制肉體的中樞。在體內，由下而上共有七個查克拉（一說是十三個）。那些中樞由於意識受到控制時，就會發出固有的光，同時在那個查克拉附近的臟器可以隨意的控制，那個查克拉所擁有的超感覺也會發揮出來。

這個查克拉的真相，目前還無法透徹了解，但可能是自律神經或內分泌。

在瑜伽，首先要把意識集中在針孔般的光點。但是，如果用眼睛追逐這個光點，它會在黑暗的空間中到處飛竄，不久就消失。當你以為無法看見，死心的回到無念無想時，它又會再度出現。

這大概和眼球或視神經有關，如果不能控制其中之一，光點就不會靜止在空間的一點。所以，意識要繼續集中於此，這時候，光點會愈來愈大，亮度也會隨著增加。

在仙道也有相同的訓練。不同於瑜伽的是，不像查克拉一般分成七個部分。仙道只要提高全身氣的狀態放射光而已。因此，使用的顏色也只有一～二種。這和瑜伽的七個查克拉擁有固定顏色所形成的各種光的世界，真有天壤之別。在此順便列出瑜伽的查克拉位置供各位參考。

姆拉達拉查克拉（海底輪，Muladhara Cakra）……………性器或尾骶骨

斯瓦吉斯塔那查克拉（生殖輪，Svadhisthana Cakra）……副腎或丹田
瑪尼普拉查克拉（臍輪，Manipura Cakra）……………肚臍或胃部附近
阿那哈塔查克拉（心輪，Anahat Cakra）……………胸部中間
維斯達查克拉（喉輪，Vishuddha Cakra）……………喉嚨
阿吉那查克拉（眉心輪，Ajina Cakra）………………眉間
沙哈斯拉拉查克拉（頂輪，Sahasrara Cakra）…………頭頂

關於各個的顏色，因各有不同的意見，究竟何者才是真的，實在是無法知道。或許這也可以看作是個人差，但對自習者而言實在是很不方便，根本無法知道應該以那一種為基準。所以，想要知道那一個查克拉比較清醒，除了從已經養成某種能力或已經能夠控制身體的那一個部分反過來類推之外，再也沒有其他的辦法了。

仙道只有白光和黃金光而已，所以比較容易區別。一般而言，白光是精神所發出的光，黃金光是肉體生命力所發出的光，但這和瑜伽一樣不能一概而論。如果看見這二種光以外的光時應該如何處置呢？仙道教人要放棄不加理會。

查克拉的位置

①姆拉達拉
②斯瓦吉斯塔那
③瑪尼普拉
④阿那哈塔
⑤維斯達
⑥阿吉那
⑦沙哈斯拉拉

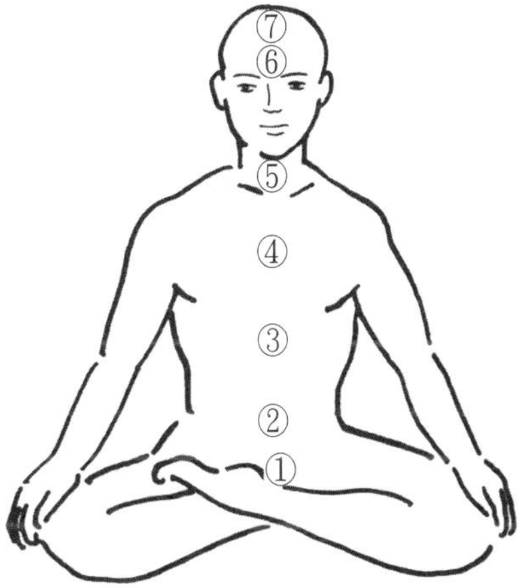

瑜伽對於所發出的一切顏色都會加以使用，為何仙道除了白、黃二色以外都要放棄呢？那是因為以後的修行方法不同。瑜伽讓出現的光愈來愈大，最後把自己的意識放入其中。在每一個查克拉都是採取相同的方法，然後引出那個查克拉所擁有的超能，或是控制臟器。

仙道讓出現的光擴大到某種程度後，再用意識加以凝縮。這究竟意味著什麼呢？以仙道式來寫的話如下：

「氣經過訓練後就會開始發出白光。然後繼續擴大，接著在丹田集中意識就會擁有力量，而在肚臍的周圍回轉。這時候，會湧起數倍於做愛時的痲痺感，並隨著氣的回轉速度加快而愈來愈強烈。這時氣會通過陽具想要洩出去，如果利用縮緊肛門防止，最後它會變成發出白光的硬球。這就是小藥（內丹），擁有極優秀的生命力。如果生病，只要把小藥送到生病的部位，疾病立刻就會治癒。」

仙道與瑜伽所進入的查克拉世界不同，是為了健康造成物質性的丹來使用。這個小藥的上面有一大藥，是具有更高度作用的丹，使用它就會產生長生不老的肉體陽神。像這樣，仙道經常是物質性的。這是瑜伽和仙道修行法的差別，可能是由於民族性的不同造成的。

瑜伽所說的七個查克拉，與具有神秘宗教色彩的「七」這個數字相符合。而仙道與中國人的願望——青春永駐、長生不老、在物質世界中享樂……欲求相符合。

但是，為何會使用白色光呢？那是因為它最容易表現，而且是所有的光之中亮度最強的。黃金色是因為其亮度剛好僅次於白色，所以才被使用。其他的顏色由於較暗淡且無生命感，所以才不受歡迎。不過，瑜伽在其中發現了超越生死的寂靜度。

到會發光為止，仙道和瑜伽是相同的，但是在發光以後，則反映其民族性，所以二者的修行法完全不同。

那麼，身為現代人的我們，究竟應該選擇那一種才好？這實在很難回答。我個人的建議：

根據各人的喜好選擇。如果是物質主義者就選擇仙道，喜歡中國性東西的人最好也選擇仙道。相反的，宗教性的人、喜歡冥想的人、羨慕神秘世界的人，最好選擇瑜伽。

本書雖然是很完全的仙道，也會選擇不是完全瑜伽的第三個道。那是採取雙方合理者，再配合現代人的需要編成的。雖然有些還不能完全用科學加以解明，但只要發現它有實際的效果，不妨接受那些事實。

例如，中醫學還不能完全的用科學加以解明，但它也擁有合理的體系，而且臨床上也有極佳的效果。

關於瑜伽的查克拉，也不能因為七這個數字，斬釘截鐵地規定只能有七個顏色。有些人可以感覺到更多顏色的光，也有些人會感覺到更少顏色的光。像仙道一樣選擇下去，只要有二種來修行就足夠了。

換言之，任何人都應該先決定能夠確實抓住範圍的東西。

根據這樣的說法，那就是頭、胸、腹（胃）、下腹。以神經的立場來看，腦神經、肺、心臟神經節、太陽神經節、骶椎、骨盤神經節等，除了腦以外都是自律神經所集中的地方。腦部當然是神經的最大集中地。

現在我們再回到起先所提到的白光點，它所集中的地方並不只是這些而已。這種光會逐漸的擴大，所以乍看之下很容易認為那些地方是最重要的，但真正重要的卻是意識的集中。

因為有意識的集中，氣才能夠集中，肉體也才會產生一個具體的狀態。如果只有光擴大沒有氣伴隨，就會變成「可以看見光，但不會發生任何事。」超能力者或施行瑜伽的人之中，有很多是這種型態的人。像這樣，只是有趣並無任何益處。

把意識集中在這個光，氣也會一體化。在仙道是說氣會變成光，但大部分都只是開始一體化而已。一旦一體化之後，氣的活動就可以直接的表現出光來。瑜伽查克拉的固有顏色所以會各不相同，是因為各神經節開始活動時，會發出波長稍微不同的氣之故。

這種情況，與其說是一體化，不如說是成為真正的「歐拉」而實際的讓神經感覺到。

首先是在腦的視覺中樞附近感覺到，而在進行的階段就可能會以超越的意識感覺到。這些都沒有人以科學性的方法研究過，所以無法確定。

唯一可確定的是，一旦氣和光一體化或變成光可以看見之後，一定會有肉體感覺伴隨著。例如，在身體的各部分可以感覺到熱感或壓力感等其他的氣，或是感覺到全身像麻痺了一般。

身體的情況良好或精力充滿時，光的顏色會愈來愈明亮；相反的，沒有元氣或很疲倦時，其顏色看起來很暗淡。如果沒有這種情形，經常看起來都是一樣明亮，那就證明沒有氣伴隨。

當然，那也是有相當的用途，但卻無法用來了解自己的身體或精神的狀態。關於這個光的開發，將在下一節中「超幻象力的開發法」再作說明。

看見四次元的幻象

雖然不太了解冥想在生理學上究竟有何作用，但繼續冥想總會在體內看見這個光。可以看見光的地方既不在體外，也不是體內，而在極為微妙之處。

這個光在起先都極為模糊，可能是因氣的迷惑成為眼睛的錯覺。但是，繼續把集中意識開發下去，就會變成實在的光而強烈的影響到肉體或精神，這一點和氣很相似。

因為能夠看見這種東西，大部分都是發生在睡眠時的假睡狀態，所以稱為入眠幻覺或半睡時幻覺。根據心理學家指出，這並不是人所想像的印象，也不是在實際的外界可以觸摸或搖動的東西。換言之，那不是表象，也不是知覺，更不是夢。

一位名叫耶爾維的人，對於這種事曾做了如下的記載：

「形成會發光的小輪子，急遽自轉的小太陽，上升或下降的各種顏色小球，無限的小環，小小的菱形……，不斷的一邊震動一邊對稱的交錯，像是在回轉一般的金、銀、紫，綠寶石色的輕輕絲狀物。」

「想到某一個人或某一個場所時，這個印象一部分的臉、衣服、樹、家等，不像是愈來愈朦朧的半面畫，而是慢慢的變成清楚的形態或顏色。」

另一位名叫爾羅阿的人，對於這一點則說：「這種東西出現時，大部分都可以知道愈來愈靠近睡眠了。」

達到冥想法極點的佛陀

根據一位心理學家表示，這個入眠幻覺時可以看見的各種事物，是由閉目時可以看見的各種光點變化而成的。隨著睡眠的深入，那些光點逐漸變成清楚的姿態，到了完全進入睡眠的瞬間，就會變成鮮明的夢。由於一般人都沒有感覺到這種事，所以大部分都完全不了解。

但是，神經比較纖細的文學家或藝術家，有的人經常會看見這種東西。經常會看見的人之中，不只在睡眠時，連在平時也可以看見這種光景而感到快樂。這種光會形成自己的心理所描繪的東西，習慣的人，也可以看見自己心中所想的東西。

研究睡眠或夢的學者，有的人認為在REM期的時候，因為眼球會不斷的活動，所以可能是眼睛在看這種光！沿著大腦邊緣系所發出的意識會變成各式各樣的形態，這一點似乎多多少少可以獲得肯定。

這種光在入眠時或做夢時可以看見，所以在冥想中也可以看見這一點並不奇怪。睡眠和冥想是除了意識之外，在生理上可以說是完全相同的狀態。

普通這個光在入眠時或做夢時無法用意識控制，但能在白天看見這個光的人，能依照自己的意識看見自己所喜歡看的情景。那是因為他經常把意識向著這個光。冥想者也可能有相同的情形。

這個光除了會做查克拉或丹光之外，也可以運用到其他事情上。但必須讓這個光和意識一致，否則將永遠無法自我控制。

現在我們就開始來說明其開發法。

一、閉上眼睛看著眼皮背面

把三角形或四角形或圓形等圖形當作印象，在眼皮背面想起來看看。如果不能做得很順利，就試著快速的描繪線一般的東西。如果那些東西變成光條清楚可見，再把那條線向上或向下移動，描繪成三角形或四角形。圖形的印象比較簡單，所以很快就可以做到。

二、再進入稍微複雜一點的東西

例如，在心中想起家、車、飛機等，試試看光會不會依照自己的意識形成形態。一次不成，請再多試幾次。等到能夠順利做到，再想起人的臉或姿態。最後是風景，但因為風景是由各種東西形成的，所以要印象化比較困難。不過，能夠進行到這裏時，任何浮在心中的事都可以當作光的印象以眼睛看見。普通人只能看見表層意識階段的東西，冥想很深的人，可以看見深層意識。

在深層意識的內部，因為有我們日常連續不斷灌注的泥狀部分在蠢動，所以一旦把它放出來，就會不斷的湧出。慾望、恐怖、不安、悲傷，都是我們不太想看見的事，但它卻會伴隨著各種印象跑出來。

如果精神沒有相當堅強，就會立刻被它擊倒。在冥想時，有些人所以會發狂，就是因為沒有好好的控制這個部分。即使尚未達到發狂的程度，也會感到身體不舒服或心情不佳。但也不必一看見這種東西出現，就拼命的想加以防止，只要抱持著平淡的態度觀察它即可。

可以抓到外界氣的人，或是冥想階段更深的人，如果有他人在一旁時，那個人的心理狀態就會以光的印象被看見。這時候，只要讓意識朦朧即可。

如果擁有太強的意識就會緊張起來，所以應該輕輕的且充滿信心的來對付。光形成各種形態時，首先要把這個形態告訴對方，以便確定這些印象是否和那個人有關。光的印象開始出現時，模樣都是很抽象的，完全無法了解其意義，但繼續看下去就會逐漸的形成具體的形態。

千萬要注意的是自己的意識。因為二者有時候會同時湧現，所以需要觀察氣的狀態來判斷，那是自己的或是對方的。

習慣看別人的意識之後，最好也看一看自己的深層意識。由於經常以第三者的立場冷靜的觀察別人的意識，所以也能夠客觀的看自己的意識，不會像以前一樣被迷惑。

如果能夠做到這樣，再進入查克拉的印象化。這時候，一定要把氣的狀態向著它去反映來集中意識，否則只會看見普通的光圓圈。

關於顏色，最好不要在一開始就把紫色或紅色印象化。

首先最好像仙道一樣，準備看全身的氣，即只看白光。如果做到這樣，以後就很簡單，接著就要像瑜伽一樣，把意識集中在各部分，想起那個部分固有的光的印象即可。但只是有印象也不一定會使那些部分肉體性覺醒過來。因此，在出現某種肉體性的變化以前，最好不要集中意識。

查克拉和比深層意識更深的無意識有關，如果能夠真正的覺醒，外界所有的氣也可以當做光的印象看見。

換言之，進入神經的所有波動不只可以當做氣感覺，同時也會伴隨固有的光的印象出現。查克拉是從其中的自律神經發出來的脈衝。

到這種狀態時，也可以看見在外界能夠發出氣的東西。

一、可以看一看植物，氣勢太強時會放出朦朧的光

最好到公園或森林，面向樹木坐下來冥想。其秘訣是，像在窺視樹木的意識一般，這樣比較順利。在浮出朦朧印象的同時，也會感覺到某種意識。那是很寂靜的感覺，其性質與人的意識相當不同。

花是比較強烈，稍微有一點騷動的感覺，和人的意識有某種共通的地方，從整體看來有完全不同性質的感覺。

但植物和人的自律神經意識很相似，所以對於習慣冥想的人，可能會覺得並沒有異質的感覺。只有在與大腦或體性神經的意識相比時，才會感覺到不同。

二、可以看一看人們隨身攜帶的物品

暫時把意識向著這些東西，就可以看見各種光的印象。起先大多還是抽象的印象，所以，要等到能夠看見明顯的形態為止。

那個東西愈受主人喜愛，愈可以看見清楚的印象。但是，當你想要看會放出討厭感覺的東西，最好不要看。因為看了以後也不會有什麼好處，有時候反而要被那個印象的念頭所迷惑。這也可以稱為與靈有因緣的東西，除此之外，有時只是那個人的執念被氣所記憶而已。

寶石或金戒子等，因為擁有可以吸引人的氣，所以特別會發出光輝被看見。但是人的意識不和它糾纏在一起時，它大部分會保持原狀，印象不致改變。

還有，可以清楚的表示氣即能量的波動，是在看見聲音或熱的時候。聲音普通是無法看見的，但和光的印象連在一起活動，看起來就像是會發光一般。特別是看見音樂時，光的印象會配合著旋律或韻律做各種變化。

這的確是聲音本身的動作，而且完全和音樂一致。相形之下，熱是直接的，所以不太有趣。而且，熱當做感覺可以感受到的面比較大，所以，究竟是熱直接被當做光感覺到，或是接受到熱的身體發出氣，再成為光的印象出現，這實在很難區別。

唯一可確定的是，到了這個階段之後，就可以看見存在於自然界中的萬物，像在放出光一般的情景。其美麗是幻想性的，而且意識在發光的意義也可以清楚的了解。

起先如果不閉上眼睛，就無法看見這種光，但完全學會時，睜開眼睛也可以看見這種光。瑜伽或西藏密宗所說的能夠看見所有的「歐拉」，就是指這個狀態。能夠做到這程度的人，就可以稱得上是一位聖人了。

內部意識的旅行

像這個自然界所有東西在發出氣、發出光一樣，肉體內部的器官、血管等，也會發出固有的氣而發光。雖然人的肉體或意識是成為一個統一體而面臨在這些東西之上，但其各個構成要素也會分別的發出獨自的氣。這個構成要素的最小單位是細胞。

雖然說是從相同的東西分出來的，但細胞依其作用，擁有獨自的形體和性質。例如，神經細胞和肌肉細胞原本都是出自相同的細胞，但卻擁有完全不同的形體。

血液中的紅血球、白血球，以及形成骨骼的細胞也是一樣。相似的細胞都會放出相同的氣，而形成人體這種還沒有達到最高的統一體的中間統一體。這就是內臟或血液系等的器官。

內　經　圖

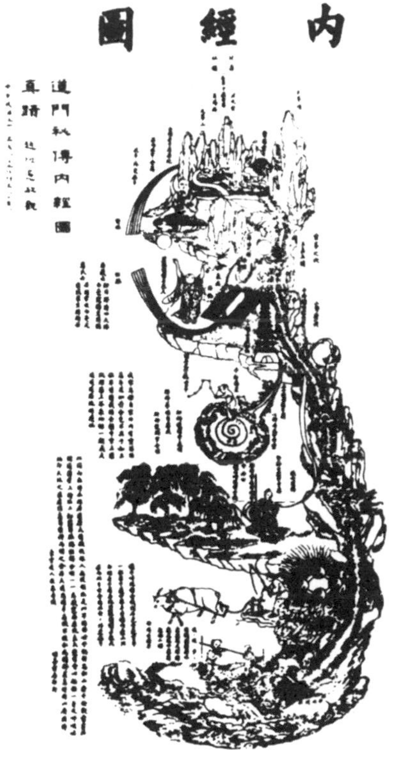

表示內經的古書

因為這些都是屬於人體統一體，所以才會互相調和活動，當然也會發出它本身性質的氣。成為調和這些東西的是自律神經，此神經沿著脊髓分布到各內臟。有幾個地方的集中度特別高，其中有些地方也可以看見不輸於大腦皮質的神經纖維，糾纏在一起。

這些地方普通都在大腦所發出的意識的框之外，但從那些神經細胞的集中狀況看來，我們可以想像得到它可能會發出強而有力的意識。

這些地方在生理學上稱為神經節，特別集中在喉嚨、肺、心臟、橫膈膜、消化器官、吸收器官、排泄器官、骨盆等。

對照瑜伽書時，就可以知道這些有自律神經節的地方和有查克拉的地方大致上是一致的。但頭部的查克拉，是在大腦意識外的間腦附近。所謂的開發查克拉，就是指開發這些部分，使它產生很高的能量當做光看見。

瑜伽的查克拉有時也會開發出內分泌素。這時候，與其說是神經節所發出的意識，不如說是意識到像內分泌器官所擁有固有的氣的感覺。因為氣和意識在深處是相同的東西。

如果用意識到這種人體的各部分旅行，究竟會如何呢？當然這並不是普通的遊玩，而是一種修行法。

瑜伽所謂的開發各查克拉，然後進入那個固有色彩的光的世界，就相當於這個訓練。仙道也有使自己的意識變成很小，進入身體各部分巡迴的修行法，這稱為仙遊觀或內觀。根據這種說法，身體的各部分住有各種神明，可以看見各種光的情景。

在做這種訓練時，就可以把自己的意識自由的變大或變小，進入各式各樣的對象物。不但如此，不久這種修行可以把自己帶入超越的意識世界。瑜伽或仙道的最終目的只有一個，就是超越現在這個精神和肉體（也可以稱為飛翔）。

在此先介紹瑜伽式在身體內側擴大，進入各種意識世界的訓練方法，其次是仙道式把意識縮小，進入體內各部去旅行的訓練方法。這兩種訓練在本質上是相同的，唯一的差異，是修行時所使用的方法稍有不同而已。勉強來說，就是文化性的差異。

瑜伽所說查克拉的光，是指體內神經節所放出的意識的光輝。這並不是普通身體的局部光輝，而是把自己本身當作一個世界，擁有相稱的廣大世界。而且除了體內之外，也和外界有能量的東西很密切的糾纏在一起。這種向體內深處擴大，並不只是查克拉的世界而已，身體的各部分也都擁有相稱的世界。

當然，其廣闊或力量比查克拉小得很多。但只有大腦是特別的，它雖然是在意識的範圍內，卻擁有無垠的世界。這就是所謂的深層意識，它擴大到皮質或邊緣系而形成了我們完全未知的意識世界。

在這種意識的世界中，特別明顯的就是夢的世界，自古以來許多人都對它很關心。瑜伽和仙道都把進入這個世界當做其修行之一。

夢的世界和查克拉的世界不同，因為在其中有我們日常所看慣的東西在蠢動著，所以它也具有相當的危險性。如前所述，夢中所出現的東西都很具體，所以我們的意識會被拉過去。因此，想要進入其中，先要進入在表層冥想做過的無念無想的狀態。

主要是進入睡眠時的狀態，讓它在身體再生。因為要經過這種過程，所以在睡眠不足或很疲倦時就會直接睡著，因此，事先必須要有充分的睡眠。

直接睡著或許會作夢，但這樣就毫無意義了。始終都能以清醒的意識觀察這種世界，然後再進入其中，才是這種修行法的重點。

為了使它成為可能，介紹一種獨特的方法。根據這種方法，起先只有偶爾的幾次會成功，但經常嘗試，最後就可以自由自在的進入這個世界。當然不只在冥想時，連晚上睡覺也會有相同的狀態，所以能某種程度的控制夢。

一、要從無念無想的狀態開始

二、閉上眼睛顫動眼皮

顫動一～二次後，把意識向頭部的中心慢慢的深入。反覆數次後，再進入更深的部分。同時，讓睡覺的狀態再現。不斷的讓這二個動作聯動下去時，意識就會在不知不覺中進入暗淡又朦朧的世界裏。

每次在顫動眼皮時，要像是確認一般細看那個境界。讓意識集中的地方更深入，最後進入頭頂和鼻頭線的交叉部分。有些或許讓意識集中到喉嚨的最上部比較好，但如果讓它進入更下面就會直接睡著，所以最好還是在這個地方就停止。

這個訓練的重點不在於眼皮的動作，而是要使其手段的意識能夠愈來愈深入內部。

不久之後，就會進入非醒非睡的朦朧意識狀態。但這和睡眠時不同，其意識始終都很清醒。這時候如果有人叫他，其意識能夠在瞬間就恢復原狀。

這時候如果體內有熱，就會感覺到氣從腹部往上升。那些氣一進入腦中，眼前就會突然躍出和夢相同的光景。雖然不如夢那麼清楚，但有時會看見人的姿態或風景等，也會聽見像是有人在談話的聲音。這就是夢狀態的出現，但仔細看，就可以知道那是自己內心深處曾經想過的事或說過的話。這是因為表層意識已完全停止，所以，它才突然的躍出成為主角。

這種非夢的清醒夢狀態，不但很容易的使人進入夢的世界，而且在恢復到原來意識之後，也會使身體的疲勞完全消失。就像在車上打盹五～十分鐘，疲勞完全消失了一樣。

唯一和睡眠不同的是，在看見那些情景的同時，也可以意識到外界所發生的事，甚至於自己也可以向他人說出現在所看見夢的內容。

但這種狀態對自習者而言是很危險的，因為他們經常會誤以為看見了靈。因為這是自己無法感覺到的深層意識，會像是在看他人活動或談話一般，而誤以為那是神明的降臨或惡靈的出現。

能夠清楚的了解那是深層意識的人，就不會有任何危險。假定有可怕的光景出現，只要把它想做是自己深層意識的無形恐懼心，讓它閃過去即可。如果有分析習慣的人，最好去閱讀一下研究夢或精神分析的書籍。

可以自由的看見這個非夢的冥想中的夢，晚上睡覺時也可以看見自己所喜愛看的夢。其秘訣是，在就寢前讓精神和肉體的狀態安定下來。萬一看見奇怪的夢，就立刻發動意識使它轉變到好的方面。經常這樣做，就可以某種程度加以控制。

前往夢的世界旅行，要適當地看這個深層意識的其他部分。這個世界掌管了以食、性為首的人的本能，所以能看見來自下面的無意識世界的信號浮上來。感覺到泥巴狀的各種慾望漩渦時，胸部會覺得很難受，但不久之後，了解那是這個生物世界的本質時，心就會清靜下來。

深層意識的世界比表層更廣闊又深奧，所以不容易抓住其全貌。完成超級幻想的人，可以把這一切都當做光的印象看見。

各查克拉的意識雖然是相同本能的世界，但大腦邊緣系是全身性的，而它卻是局部性的。這些與其說是深層意識，不如說是無意識的世界。有趣的是，進入掌管消化機能的查克拉時，會變成像是可以控制一般，但本來意識所擁有的食慾卻會消失。

掌管心臟或肺的查克拉也是一樣，雖然變成像是可以控制一般，但呼吸卻會變成不必要的。惟有意識會安居在美麗的光之中。

為何會變成這種狀態？這在生理學上還無法得到解答，但進入查克拉時，身體就會產生超越常識性的作用。來自外界的所有資訊，都會實實在在的投入其中。深層意識也可以知道來自外界的資訊，但這些會和自己的意識混合在一起而無法區別。到達我們日常活動的表層意識時，因為常識會對它加以選擇，所以幾乎所有的東西都會被捨棄。

在這個無意識的世界，是不會有那樣的事發生的，所以會感覺到很自然的狀態。經過以上的訓練之後，最好順便做仙道性的縮小意識，使它到達腳的前端。

方法很簡單，只要把意識集中在腳的前端即可。

如果是有集中力的人，只要五～十分鐘就足夠了。不久，上半身的意識會消失，其中心會移到腳的前端。這時候想像著意識變小，不久就會感覺到自己像是只存在那裏一般。

能夠抓住這個要領之後，除了腳之外，最好也在身體的各部分以同樣的方法做做看。習慣之後，就可以利用那個縮小意識在身體中旅行。

這時候，從頭頂往下看，就會看見丹田在遙遠的下面，腳更會覺得遙不可及。同樣的，從下半身的某一個部分往上看時，也會覺得頭頂像是在遙遠的上方一般。除了用這種縮小的意識在體內旅行之外，也可以停留在相同的地方眺望，感覺到那個部分所發出的固有的氣或光的印象。這樣最好去冥想那個地方，不久就會在不知不覺中進入那個世界。

普通這些部分所發出來的，只不過是純粹的能量，本來就沒有具體的形態。但修行者卻不拘泥於無念無想，往往會在這些地方看見某種姿態或情景。這究竟是為什麼呢？可能是因為在深層意識中有那些印象存在！但雖然說是深層意識，卻也不屬於個人的東西，而是像瑞士的心理學家容格所說的：「超越個體的民族（種族）的記憶。」

這樣解釋，我們就可以了解為什麼印度人會把這個光看做是車輪或蓮花，中國人為什麼會在仙界看見這個光或把它當做仙丹而印象化的道理。

無論如何，那些東西本質上只不過是純粹的能量。如果那些波長和實際世界的物體所放出的波長相同，當然會以和它完全一樣的印象出現，這一點是不足為奇的。

深層意識和靈的狀態

能夠使自己的意識縮小，進入自己所喜歡的身體，最好再進入外界的對象物去看看。

例如，把打火機放在眼前三十公分～一公尺遠的地方，利用意識進入其中。前往意識世界旅行的訓練還做不好的人，就會覺得自己好像變成了那個打火機一般。其他，像鉛筆、花瓶、書本等，凡是眼睛看得到的東西，不妨進去看看。可能有某些東西剛進入時，就會感覺到獨特的氣，或是看見某種光景。

　　進入寶石、磁鐵等會放射強烈氣的東西時，可能會有更美妙的感覺或看見光的世界。但因為有些東西是擁有負作用的氣，所以在進入之前，應該先以意識看一看其狀態或用手掌探測一下比較妥當。如果有討厭的感覺，就絕對不可進入。否則有時候意識會怪怪的，或是被關閉在其中而無法脫離。

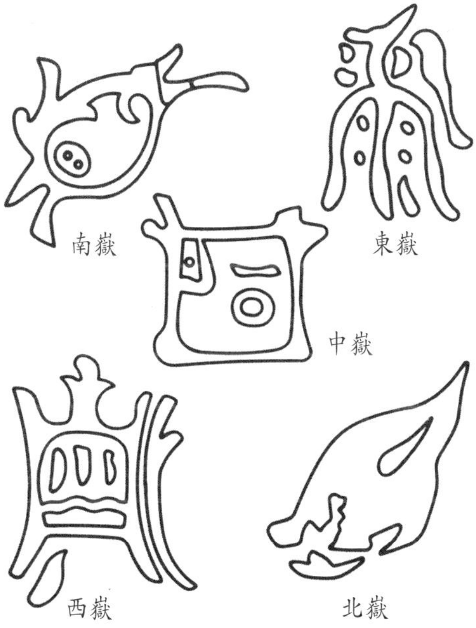

五嶽真形圖

　　印度瑜伽在施行這種訓練時，會使用一種名叫「曼達拉」（Mandara，原義為圓形，意譯為壇、輪圓具足、聚集等）讓意識進入其中的世界；中國仙道也會使用一種叫做五嶽真形圖類似「曼達拉」的東西。這二者都具有傳統性圖形的意味，且可能是利用顏色、對比或這些圖形所發出的氣。

實際上，以手掌觸摸它時就會感覺到強烈的氣。但真正圖形很難得到，所以也不必勉強去找尋。以身旁的物品來代用也無妨。

進行這個訓練時，最好把自己的意識放在天花板或室內的一角，像在看自己本身一般集中意識。

起先，只感覺到意識好像有在那裏什麼也看不見，但不久就會第三者性的看見自己的冥想姿態。心靈學認為那是因為幽體脫離了肉體之故。事實上在這種狀態時，檢查肉體，往往會發現它已經變成假死狀態。雖然人尚未死亡，但脈搏和呼吸幾乎都已停止。

真正在做很深的冥想時，也常與這個一樣成為假死狀態。在瑜伽，有些人可以埋在土中數日，或是停止心跳數日，但最後還是能恢復原來的肉體狀態。

根據這些人表示，他們在施行時，自己是處於查克拉光中的最高狀態。

前面曾經說過，在很深的冥想狀態時，覺醒中樞的網樣體可能還在活動，但是，你對這種說法可能感到懷疑。因為在假死狀態，不可能只有這個部分還能正常的活動。我們不如說是超越肉體的組織意識還在活動，這種說法比較合理。這究竟意味著什麼呢？當然是指靈魂存在的可能性。

關於靈魂是否存在的問題，自古以來人們就很關心。近年來，更想以科學加以說明。但是，用科學方法來證明其存在的實驗仍然不很順利。

在歐美，也有人做過讓靈物質化的實驗，但在證明方面都有其弱點。那就是，同一現象要在相同的條件下發生的科學方法要點，無法適用於心靈實驗。

此外，在施行降靈實驗的人之中，有不少人是應該從精神病理學上來看比較好的型態的人。

那麼，關於靈的存在是否只能以無法了解而加以否定呢？其實不然。實際上還未達到這個階段時，只要冥想就可以不斷的感覺這些東西的存在。快的人，會在下腹感覺到氣的階段，亦即感覺到擁有獨特意識的氣存在。

到了能夠從全身放射氣的階段時，就可以更清楚的區別其他的氣。有時會感覺到冷冷的氣，有時感覺到獨特的意識存在。能夠開發光的印象時，就能看見其姿態或形狀。有些人在稍微能夠看見氣層冥想的階段時，就可以看見其姿態或形狀。

但這些東西究竟是真的，或是出自自己的深層意識，實在是很難判斷。假定是真的，自己的心向著它時，就會立刻進入意識之中，所以很麻煩。而所謂的表現出姿態或形狀，就是指那些東西多多少少已經進入了自己的意識之中。

例如，精氣會被它奪走，遭受到可怕的打擊。從心靈學上說，那些人大部分都已經開始迷惑了。從仙道上說，目前還有一點無法了解，但好像是因為失去了肉體，所以能量才會處於非常低的狀態，支撐著它的只是強烈的意識而已。

物理學認為能量是從高處往低處流，所以，從我們的肉體發出的能量和它們接觸時，會被吸收掉。

當然，這只是一種假設而已。但能力愈高的靈能者，其身體的狀況卻愈差，這一點似乎暗示著這個假設是真的。所以，他們和這些迷惑的靈接觸時，氣會急遽的被吸收而衰弱下來。

但靈也有很多種，並非都是像這種低能量狀態的東西。例如，境地很高的靈出現時，身體就會感覺很溫暖。由這一點來推論，能量的高低似乎和它所擁有的意識有關。

以往很少人會站在物質的立場說明靈的問題，但最近有人想使用量子力學等來解答這個問題。如果這樣可以解明靈魂的實體，現代的科學或宗教，可能被迫不得不做一百八十度的大轉變。

實際上，曾經有人利用強光照射或加上高壓電使靈的狀態消失，或許這個想法才是正確的也說不定。

如果說靈是完全超越物質，不管怎樣用光等的熱能加以照射，它也應該不會消失。

當然，也有很多地方是我們想不到的。其中連最科學的常識也無法想到的是，靈魂對時間或空間的超越性。例如，居住在距離數百公里遠的人，在夢中可以知道遠方親人的死亡，或像精神感應一樣，可以預知未來的事等，這些事實以目前的科學是無法加以解釋的。但對於做冥想的人而言，靈魂的問題和他有非常密切的關係，所以不能隨便的處理。

對於施行冥想的人而言，所必備的只是識別這種東西和其他氣的能力而已。

能夠擁有這種能力，最好是和自己湧出來的深層意識一樣，站在第三者的立場應付比較妥當。

否則就會變成普通的靈能者，一輩子都為了要幫助那些東西而消磨掉自己的氣。這時候最重要的是，要放棄同情心，該說是多管閒事的心，朝著更高的境地邁進。

此外，最好不要過分的想要進入靈性的東西。如果過分熱衷，自己的意識會朦朧起來，難得養成的識別能力也告喪失。雖然簡言之為靈的存在，但如果當做氣感覺到或當做光的印象看見時，它不只是擁有意識的本體，連那個人所遺留下來的普通念頭，看起來也像靈的存在。

例如，某一個人生前所喜歡使用的房間，就經常會留下這種念頭。意識愈強烈的人，這種念頭愈會明顯的遺留下來。原本健康的人，死後所遺留的憤怒、牢騷、慾望等的念頭都會飄流在那裏。

這可能是因為意識被強烈的放射而記憶在那個空間。這似乎和聲音被錄音帶的磁帶記錄下來的原理相同。

把一切都以靈來看，像那種空空的念頭也會當做靈的狀態而看見。不久，自然所發出的普通氣也會印象化，而錯覺為自己是在看靈性的世界。

為了避免這一切的發生，最好要和靈的東西劃清界限，不要和眼前的靈接觸。無神論者認為人死後一切就消失了，但實際上會消失的只是他自己而已。

相反的，宗教家或超能力者都認為除了現有的世界之外，還有一個靈的世界存在。而且這個靈的世界是完全和物質無關的。那裏只有無數的靈，在靈的頂點有神明。

有趣的是，印度哲學或道家哲學都認為沒有靈界的存在。他們的論調和無神論者比較接近，但他們更極端，認為連現在的這個世界也非實際的存在。佛教也採取這個主張，尤其是「般若經典」更明顯的表示了這一點。

佛教《般若心經》中如下寫著：「色即是空，空即是色。」所謂的色，梵文為rupa，是指「有形的東西」。依照現代的說法，就是指物質現象。所謂的空，梵文為Sunyata，是指「什麼都沒有的狀態」。整句話的意思是「物質現象是由沒有實體的東西所構成的，相反的，沒有實體的狀態是由這個物質現象在支撐著」。

沒有實體是從物質來看的，其實它本身是存在的。如果它本身不存在，物質現象就完全不可能存在。

能量這種東西是離開物質後就不會存在的，而物質沒有能量的支撐也是無法成立的。當然，這裏所說的能量是指電磁波、重力等包含所有能量的狀態。

從物理學上來說，能量會產生物質，而物質又會產生能量，這種循環才使得宇宙能夠成立。以光或電子為首的粒子都是一種能量，這些東西集合在一起時隨之發生現象，更集中就會產生物質，這就是所謂的原子狀態。這個原子集合起來即成為分子，造成高分子，然後產生生物。

以人為首的所有生物，都是由自然界得到能量的補給，相反的也放出能量，這就是現象界的姿態。成立這個最高的存在或支撐它的，也是沒有實體的能量場。雖然是沒有實體，但其力量卻是無法計量的。

意識也是從這裏發出來的能量之一，它也可以造成一種能量場。各人的表層意識或深層意識可能就是這種場。

除了這種個人的意識之外，集團意識所集合的場，也會散布在這個自然的大能量場中。

例如，有物質伴隨，就會變成我們的眼睛可以看見的組織或社會。如果沒有物質的根據，變成只是念頭的集合場。

如同在「內部意識的旅行」一節提過的，對於進入其中的意識，應該是可以看見一個世界。但本質性沒有實體，就是和這個物質世界完全相同。那裏只有一個會發出能量的場。

由此意義看來，唯物論者的說法也是有其道理的。但他們所根據的物質世界，也會變成本質性不存在的東西。他們認為死後的世界是不存在的，那是因為他們的意識只能理解眼前的東西而已。

根據最新的說法，人死後暫時會保持和肉體很相似的能量狀態，但不久，就慢慢的擴大到空間，形成極弱的能量場。這時，意識會變成像睡眠一般的狀態。雖然說是相同的靈的狀態，一旦死亡後，就會變成能發生強烈作用的場，另一方面變成靜靜的擴大的場。

為何會產生這種差別呢？那當然是因為有意識的差異之故。

換言之，強烈的意識雖然失去了肉體，也會在空間的能量場留下意識，而不太強烈的意識則會依照能量的法則，和其發生源的肉體一起崩潰，恢復為原來就有的東西。

仙道或瑜伽，是把這件事當作修行的結果，用超越的意識來抓住。

到了睡眠更深的階段時，腦波的個人差隨即消失。當然，意識的個人差也會消失。和別人或其他的動、植物的深的意識都不會有任何差異。甚至還變成和自然界所有會發出氣的東西都相同的狀態。到了這個地步，就不再有意識或氣的區別，只是純粹的能量狀態而已。

像瑜伽或仙道一樣，可以意識到本來就沒有意識的狀態，更進一步到可以控制時，即使失去了肉體，意識還是可以自由自在的到自己所喜歡的世界去安居或移動。

當然，能這樣做的時候就沒有前往任何地方的必要了。因為對於已經了解宇宙本質的人而言，任何地方都已經沒有場所性的差異了。

物質不滅的可能性

對於已經了解宇宙本質的，生死已經不是問題了。不論生或死，那個人的超越意識是不會改變的。換句話說，這是一種不死的狀態。

瑜伽或西藏密宗的一部分，都把這種狀態看作是不死的狀態。換言之，肉體只是一種借來的軀殼而已。但中國仙道則擁有稍微不同的不死觀。如前所述，中國人是現世肯定、物質中心主義。

因為是出現在這種現世肯定物質主義的國家，所以仙道的不死觀是完全物質性的。雖然人已經死亡，但卻想要讓這個肉體永生——以此為目標。另一個是現世快樂主意，希望經常能食美味、左擁右抱美女、永遠年輕又精力充沛，這就是所謂的長生不老。

仙道認為，利用意識使氣繼續集中，就會物質化而成為「丹」。更用天地間的各種氣加在這種東西上面，不久就會形成所謂的「陽神」生命體。這個陽神雖然是用氣造成的，但其性質完全和肉體相同，別人可以看見它，它也可以做各種事情。

充分的培育這個陽神之後，只要把意識移於此就可以保持永生。後來有些派別再把陽神恢復為肉體，利用其力量把構成肉體的物質做實質上的提高，恢復氣的狀態，最後讓它和陽神一體化。

更有的派別，不做陽神，從一開始就只在肉體利用意識的力量恢復原來氣的狀態，做成永遠的生命體。

無論那一派，他們的目標都不僅是為了意識的超越，而且想讓由物質構成的物體也同時超越。

陽神意味著肉體的分身，所以和幽體脫離很相似。但其最大的差異是，能做肉體所做的事。例如，陽神出現姿態，普通人也可以看得很清楚。其形體和肉體幾乎是一樣的，所以可以和別人握手，也可以互相擁抱。

不但如此，又可以吃飯、喝酒。而這些事都是幽體做不到的。幽體和空氣一樣，第三者是看不見它的，與人相遇時它也會很快的通過。

仙道把幽體稱為「陰神」來和「陽神」相對應。陽氣不足的人，想要做出陽神時但卻是做出陰神來。這二者的差異，可能是由能量的多寡來決定。

在降靈實驗，靈媒放出煙一般的「靈質」（Ectoplasm，據司徒法正解釋，傳說道術中有修練者會練至身泛五色，甚至是七色輪光）時，靈體就會出現。這時候，沒有靈能的人也可以看得很清楚。

不但如此，也可以採取它的指紋或和它握手。關於這個「靈質」，目前還沒有人能夠了解，但有的人說它是靈媒的精液，又有的人說它是由腦的神經膠質細胞變化而成的。總之，它可能是人體組織的一部分。那麼，為何那些組織會變成「靈質」呢？這至今仍然是一個謎。

出胎圖
出胎圖第五
身外有身名佛相　千葉蓮花由炁化
念盡無念即菩提　百光景耀假神凝

古書中的出神圖

唯一能確定的是，無論是精

液或神經膠質細胞，都不會直接變成煙一般的形態跑出體外。那麼，究竟它是如何跑出去的呢？很可能是先由物質變成能量的狀態，然後再跑出體外。

但這時候的困難是，物質要變成能量時必須使用很大的力量，像原子彈所代表的一樣，本來是相同的東西，但要由物質變成能量則需要很大的力量。而「靈質」卻不需要任何力量加入就可以能量化。

總之，關於這一方面我們只能當作是科學上還無法了解的未知作用。雖然如此，我們也絕對不能認為它已超越了物理學的力量。因為可能是有某種更單純的有效作用。例如，共鳴是某一方面發出了很短的波長時，物質的波長與它保持同調，所以，才引起很大的作用。

例如，即使遭遇到七級的大地震也不虞有問題的建築物，竟然在小小的地震中崩塌下來，即共鳴的最佳例子。

仙道和「靈質」不同，但可能還是利用與它很相似的作用做出陽神。就是意識集中，使用力量凝縮氣，最後使它物質化。當然只靠自己的氣是不夠的，所以還要吸收自然中的各種氣。

在歐洲的神秘書籍中，也可以看見這種類似的方法。歐洲人稱之為「生氣體」或「雙重以太體」。雙重以太體，簡言之就是人的能量。

最後，我們依照古書描述一下製造這個不死生命體的方法。我本身並沒有完成過這種事，不敢斷言這樣做絕對有效。只能把它當做是一種可能性的假定。

仙道是首先要製造大藥。其做法是，不斷的把氣集中在丹田，像從四面八方用力讓氣凝縮般集中意識，或是用意識來鍛鍊。如此一來，熱和壓力會愈來愈大，氣也將變得幾乎像要衝出一般。這時候要用意識來支撐它，不久之後能量狀態就會高昂起來而發光。

閱讀仙道書就可以知道所謂的「陽光三現」，表示會有明顯的光出現三次。製造大藥是在第三次光出現時，就要使意識變成無念無想。這時候氣會在肚臍附近旋轉，不久就形成丹，亦即大藥。然後要像小周天時一樣讓它在體內循環，再回到丹田做溫養。

溫養時不僅要集中意識，同時要把來自體內或外界的氣源源不斷的送入其中。如此一來，丹就會慢慢的變化而開始形成。因為這是陽神的根本，所以等它大到某種程度時再移到中丹田（黃庭）。

此後，如果再繼續溫養或追加氣，就會出現無數的花瓣飄落般的光景。這是表示陽神已經完成的信號，所以要慢慢的上升到上丹田（泥丸），然後從頭頂往外放出。這時候，陽神的大小約有數公分大。以後，每天要把意識移到這個地方來使它慢慢的變大。

經由這些修行法可以知道，意識的集中會形成一種強烈的能量場，使集中在那裏的能量物質化。集中能量所發出的光，其顏色有白、紫二種。從能量強度來看，白色比較確實。又仙道的陽神比使用其他方法物質化的比例較強。這是先把氣凝縮成大藥（丹）般的小球，然後再重新製造陽神（亦即只有凝縮部分的濃度較濃）。

這個不死生命體的做法，比靈界的存在更像謎。關於這一點，我們應該認為它是強烈意識所產生的生命能量構成的一種幽體。

普通人因為意識集中很弱，所以幽體不會物質化。留下強烈的念頭而死亡的人，經常會以幽靈的姿態出現，這就是最好的證明。幽體是否會物質化，必須依它所擁有的能量差和是否有強烈的意識集中而定。

這雖然只是一種假設，但肉體（物質）→幽體（半物質現象）→靈體（純粹的能量）可能即表示陽神是由其中的現象物質化而成的。

和宇宙意識一體化

冥想的最終目的是，和遠超越人意識的宇宙大意識一體化。這一點，和想要造成物質性長生不老生命體的仙道相同。也有些神秘家把這個宇宙意識稱呼為「神」，但這和宗教所說的神的概念有很大的不同。

因為這個大意識不像宗教以善惡來裁判人一樣的存在著。應該說是科學所說的宇宙法則。例如，原子彈的存在，不論怎樣批評它的使用方法，從宗教的立場看，其存在對人類而言都是不好的。但如果依照自然法則，則不論是善人或惡人都可以製造或使用它。

無論善惡，人或物都是該繁榮的時候就會繁榮，該滅亡的時候就會滅亡。但做善事時，因為施惠於人會得到別人的回報，所以滅亡的時間會稍微延後。

在這個自然界的萬物，成長到頂點後就開始衰退——這是根據能量的法則。由此才會產生新的能量，變成引起下一個活動的力量。從自然界的生物到天空中的星星等宇宙萬物，雖然其生命有時間的長短，但都是因循著這個法則。而且，這個法則是永遠不變的。相形之下，人類所謂的善惡，會隨著民族或時間的改變而變化。

宇宙萬物都知道這個法則，而自由自在的活動著。只有人因為形成自己的意識這種小宇宙，所以才會有以自己為中心，以外還有一個大宇宙的這種錯覺。佛教認為，人的痛苦起因於「無法事事如自己的意」，這真是一句至理名言。

宇宙的意識是在於萬物的調和，它也可以稱為善良的東西。但是，這和人類所謂的善惡並無關係，人類的善與惡是由時代、民族、自己的經驗所造成的一個觀念。

宇宙善良的東西，是超越自己的狹窄意識存在著。有時候也可以用人類所說的善惡觀念來推想，但整體看來，它實在很深奧且無法看見。如果想要抓住它，必須和自然的大潮流相調和。因此，最好不要使用人的小智慧，應該去看原有的實在。

印度的瑜伽、佛教、中國的仙道等都不說神，就是因為抓到了這種真理。它們實際擁有的，只是物理學所說的自然大法則而已。但那並不是像科學所說的冰冷機械的存在著。而是利用所謂的能量，這種能使所有的生命生存、活動的偉大力量形成的。

從脫離自己狹窄意識的殼，到能和萬物共通的狀態為止來加深冥想時，就可以完全和這個大能量的存在相連。那時候，精神、肉體都會變成能夠隨心所欲的狀態。但是，任何願望都已經不必要了。

因為你會感覺到自己現有的一切都是自己所祈望的。依照大宇宙的能量，無論生或死都不必去發動人的智慧，這稱為「無為自然」。

宇宙的本質，從物質的立場來看都是無，但那並非絕對的無。如前述，那是由能量這種躍動的生命力所構成的。仙道把這個狀態稱為「太極」。

太極是氣混沌流動的狀態。從這個太極分出陰陽時，那裏就會發生現象，產生物質。仙道的目標，是在這條路上朝相反的方向走，使自己的氣恢復到太極。到達這個地步時，一切都會還原到根源性的氣，肉體或精神、自己或別人都會變得無法區分。但只有氣的狀態（亦即意識到物質性無的作用）仍然會存在著。仙道的目標是比這個太極還要深。

那裏是連氣的存在都沒有，可說是絕對無的世界。這在仙道稱為「無極」。無極是除了物質性的作用外，連包含氣的所有作用都停止的世界，連宇宙也都不存在於那裏。這個絕對的無，才是太極的根源。

宇宙的本質意識，是超越了這種有和無的存在。仙人稱之為「道」。

第四章
適合初學者的冥想法應用

肉體和精神的控制法

完全學會深層冥想法的人，對於下面所要介紹的事，可能不必做任何努力也能做到，但對初學者卻是相當困難的事。

但既然同樣是人，大家一定都具有相同的夢和相同的苦惱。如果能力所及，任何人都會想嘗試控制精神和肉體，這是人之常情。

下面要介紹的，是對於冥想完全外行或略懂一些的人也可以應用的冥想法。

但這並不是程度很低的東西，所以，施行時千萬不可抱持著馬虎的心情，應該始終都以準備引出自己所秘藏的潛能的決心來試試看。

能夠這樣，就會產生自信而對更深的冥想法也湧起興趣。

失眠的解除法

失眠之苦實在是難以筆墨形容。白天精神無法集中不能專心工作，一到晚上眼睛就開始明亮起來，始終都睡不著。醫生說：「因為人在必要時自然會睡著，所以不必過分神經質。」

但是，對於患失眠症的人，除非能夠脫離這種痛苦，否則任何話都於事無補。最好是能讓他白天頭腦很清楚，晚上一躺在床上就能睡得很熟。

這種失眠症或睡眠不足，只要施行冥想法就可以輕易的治癒。這是因為冥想法和睡眠有很密切的關係。一般而言，失眠的原因如下：

(1)想太多或神經使用過度。

(2)運動不足、過度疲勞、飲食過量。

肉體或精神的活動過度或不足時，都很容易患失眠症。主要的原因，是體內的能量都集中在頭部。白天會因此而腦部充血，晚上則是因血液過分集中，使腦的活動受到刺激，以致於會想東想西睡不著。這種人，大部分手腳的末端和腹部都會有血液循環不良的情形。

想要治癒，必須先使手腳的血液循環恢復正常，所以要先用力做雙手手掌一握一鬆的動作，連續施行十五分鐘，然後再做伏地挺身。至於腳，可以踩踏硬又圓的東西十五分鐘，或是做青蛙跳後立刻站立起來的動作，連續施行三十次左右，效果倍增。

同時，可以做調息或武息使下腹的血液循環良好。沒有時間的人，也可以省略呼吸法，只在下腹反覆做快速的鼓起、凹下訓練。此外，眼睛疲勞時，神經會受到刺激而睡不著，所以眼睛也要好好的按摩。

還有，在睡前一小時應該儘量避免看電視或閱讀等會增加眼睛負擔的感覺刺激，最好是閉上眼睛靜靜的聆聽音樂。

背部像駝背一般，也會成為失眠的原因，所以可將雙手放在背後，讓身體稍微往後傾，如此的做十～十五分鐘後，就會自然而然的想睡覺。

利用這種物理性方法，還無法治好精神性失眠症時，使用冥想法比較有效。

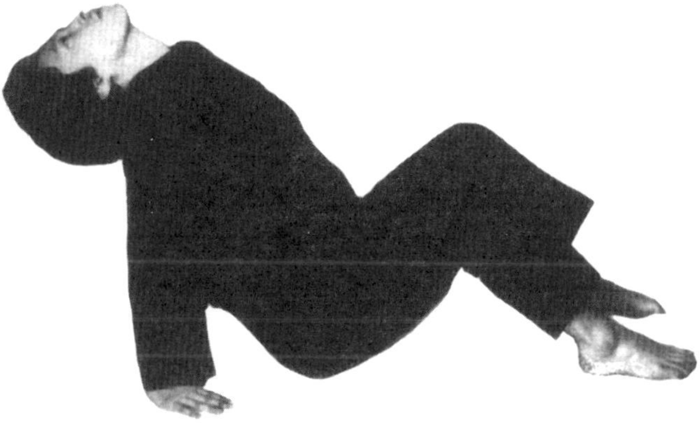
治療失眠症的姿勢

其方法很簡單，就是在表層冥想法介紹過的，閉上眼睛看眼皮背面的訓練。上床時立刻注視眼皮背面，腦中如果快要浮現某種東西時，就立刻一開一閉眼睛。

其中最重要的是，必須使白天無精打采的狀態一直保持到晚上要睡眠時。普通晚上睡不著的人，大部分一到晚上就會特別的有精神，眼睛也會特別的亮。這是因為自律神經的活動已經混亂，必須花費數天的時間來調整。

首先，就是要讓白天無精打采的心情持續下去。這種無精打采之感，是睡眠時特別需要的感覺，一定要好好的記住，以便隨時都可以提出來應用。

起先可能會不太習慣，但你一定要堅持下班後立刻直接回家，以便恢復自然的韻律。

本來，人是隨著日出而起床，日沒而就寢。失眠症就是這種身體的功能混亂而產生的一種疾病。此外，雖然不是失眠症，但精力不足的人也會經常睡不著，這種情形最好在睡前喝一杯精力劑或喝一杯酒。這種人是因為體溫不足，血液循環不良所以才會睡不著。

總之，失眠的人因為能量集中在頭部，以致腦部受到刺激，意識也集中在頭部，因此，最好把意識集中在下腹或腳趾。但因為意識很不容易放下，所以必須從鼻子一邊慢慢的吸氣，一邊慢慢的放下。這時候肩膀要放鬆，否則不會有效。

用冥想消除疲勞

疲勞可分為肉體疲勞和精神疲勞二種，冥想對二者都很有效。肉體疲勞時，要先仰臥著放鬆四肢的力量，採取這種姿勢時自然而然的就會放鬆。

然後一邊慢慢的用鼻子呼吸，一邊想像著全身都很舒服來集中意識。繼續施行二十～三十分鐘，疲勞就會消除。如果工作忙碌沒有太多時間，也可以利用上班時坐在椅子上或坐公車時施行這種放鬆法。

在這種情形時，要坐深一些使全身變得圓一點。頭部則因人而異，可以往後仰或向前屈。放鬆全身的力量。呼吸時，腹部要上、下輕輕的運動。

不論施行那一種方法，為了避免在腦中想起任何事情，可以併用眼睛一開一閉的動作或咬合上下顎的牙齒。如果這時候覺得很睏，就放心的睡下去。如此一來，疲勞很快消除。

拿玻崙每天只睡三個小時，但實際上他每天都好幾次利用這種短暫的睡眠來補充。此外，這種消除疲勞的方法對於睡眠不足也很有效，你不妨試試看。

精神疲勞比肉體疲勞還要難以消除。因為這時候的肉體並不太疲勞，所以晚上不能好好的睡覺，這和前面的失眠症有很密切的關係。其治療的方法與肉體疲勞並無二樣，只是比較積極的使用意識作用而已。

修爾滋的自律訓練法，其放鬆法很有效。它是一種睡眠術，但因為會直接對自律神經發生作用，所以效果很大。在本書，我想介紹它再加上瑜伽和仙道的精華部分。

首先，深深的坐在寬敞的椅子或沙發上。重心放在腰部附近，放鬆手、腳、肩膀、頭部的力量。這時候，意識要儘量的脫離自己的肉體。以像在看著意識中的自己一般的感覺，從放鬆力量的各部分空間脫離出去。

並且用意識來看看那些部分有沒有力量進入。如果做得很順利，要把意識輕輕的集中在每一個部分，更放鬆力量。

等到力量充分的放鬆，身體變得稍輕時，再把意識輕輕的集中在心窩下面附近。同時要想像著這個地方很溫暖。

這個地方開始溫暖時，再想像著手、腳也同樣的溫暖起來。若這也做得很順利，全身很快的會麻痺起來。

接著就要以朦朧的感覺來冥想二十～三十分鐘。

如果這個動作不能順利進行，可能是因為能量過分的集中在頭部、眼睛、脖子，只要讓頭部輕輕的往後仰或加以按摩即可。有時候，用冷毛巾放在眼睛或頭項來施行這種放鬆法也很有效。

如果不是特別疲勞的人，只要稍微利用休息時間來施行這種疲勞的解除法效果卓著。最好是在中午休息時施行十分鐘，則到了下班後也不會覺得疲勞。

喜歡夜遊的人，最好也利用一點時間來施行這種冥想法，這樣即使玩到凌晨一、二點才就寢，隔天起床後也不致於覺得疲勞。

此外，每天一到下午就會焦躁不安或感覺頭很沈重的人（或頭很痛的人），都是因為上午的活動或午餐正在消化時，能量發生上升到頭部。其原因很多，不能一概而論，但可能是因為體質虛弱，以致多餘的能量往外發散。

像這種型的人，與其施行全身的放鬆法，不如把能量放在下半身的冥想法較有效。

首先要坐在不太軟的椅子上。

這一點和放鬆型的坐法恰好相反。背部要伸直，頭稍微向下。放鬆肩膀的力量，意識繼續集中在腳趾前端或腳底。用鼻子呼吸，吐氣時要慢慢的吐出。下腹要配合吐氣慢慢的凹入。吸氣時要無意識的輕輕吸入。

如果施行這種呼吸法，症狀反而嚴重，就不必勉強。這時候，只要繼續把意識集中在腳趾前端或腳底即可。

這二種的共同點是，在冥想中不可用頭腦去想任何事情。如果腦中會想起各種事情，就要把意識放在下腹或腳尖，在那裏冥想。

用手掌探索病根

用手掌來探索疾病的患部，乍聽之下似乎很玄奇，實際上這是很科學的。

如果是急性病，那麼，身體多少會想要提早治癒而發生作用，所以，在患部顯得相當的熱。相反的，如果是慢性病，正常的身體功能會喪失而覺得很冷。因此，從全身放射出來氣的狀態會表現出變化來。

如果是全身性的疾病，則很難區別這種變化；相對的，局部性的疾病，其變化只在局部，所以能明顯的區別。

當然，除了神經較敏銳的人，一般人手掌的感覺並不太好，所以，大部分都不會有任何感覺。但只要施行下列的訓練就會使感覺敏銳起來。

一、一有空就合攏雙掌來摩擦。施行摩擦時不可馬馬虎虎，應該儘量用力摩擦到手掌會發燙為止。而且每天要施行數次。

二、每當接觸到物體時都要把意識集中在那裏，確認看看是否有任何感覺。除了固體之外，例如陽光、從火爐發出的紅外線等，也要用手掌去感覺做感覺訓練。接著，再逐漸的用手掌接近溫度較低的東西，最後再接觸人或動物。

首先是，用手掌緊緊的接觸身體來意識其溫度。然後一邊感覺到溫感，一邊把手掌慢慢的拿開。一次不要離開太遠，以〇．五公分、一公分、二公分這樣的比例慢慢離開。

這時候，意識如果不集中在手掌，很快的就會失去溫感。更重要的是，要放鬆全身的力量。如果力量留在肩膀或手臂，就會因過分緊張而無法順利完成。換言之，意識雖然要集中，但也不可勉強的放鬆力量。

雖然手掌已離開五～十公分，但如果能從年輕人的身上感覺到溫暖的氣，或是從病人的身上感覺到冰冷的氣，就表示已經成功了。以後在病患的面前，可以用手掌保持五公分的距離到處移動。當手掌接近患部時，就會因特別放射出來的冷氣或熱氣而知道患部的位置。

手掌療法是心靈家經常施行的一種方法，很多人都以神秘或驚奇的眼光來看它，實際上，這只是一種熱能的傳遞方法而已，並沒有什麼不可思議的地方。只要用極簡單的物理學法則就可以充分的說明。關於這一點，在第二章「仙道昆達利尼冥想法」已經說明過，你不妨再回頭看一看。

把氣從手掌發出送入對方的患部，疾病就會好轉起來。至於治癒的時間，則和供給者的能量多寡有關。有元氣的人，其能量也多，能夠很快的治好對方的疾病。傳送氣的秘訣是，要先使手掌充分的溫暖，並且要一直想著自己的氣能夠向對方的患部放射出去。

此外，氣傳送出去之後，如果手掌或腹部附近覺得冷冷的，即表示氣被攝取過多，因此，要吃有精力的東西或是烘熱手掌，否則自己會生病。

手掌療法不只對別人有效，對自己也有效。尤其是內臟等疾病更有效，一定要充分的烘熱手掌後再來施行，當然，也可以用手掌緊貼著患部來治療。習慣之後，大部分的疾病都可以用這種方法治癒。

使頭腦更好的方法

頭腦不好的原因有幾種。像白癡或愚鈍是體質性的腦部功能不佳，除非換腦以外是沒有辦法的。此外，腦部受傷也是一樣。

相對的，一般頭腦不好的人，大部分是屬於腦機能疾患以外的問題。這是施行冥想法就可以改善的。一般而言，頭腦不太好的人，其記憶力都比較差。原因很簡單，就是能量過分集中在頭部。

除了能量過分集中在頭部之外，精神上討厭讀書也是成為頭腦變壞的原因。此外，遊手好閒的生活環境亦促使頭腦變壞。動物也是一樣，在嚴苛的環境下，其智能會變得非常發達。

換言之，要使頭腦更好，就必須防止能量在頭部過分集中、避免精神上討厭讀書、避免過分遊手好閒。最近國人的生活步調也很緊張，大概前述的第三個原因並不太成問題。

其中，冥想法對於第一、二種比較有效。第一種是防止能量集中在頭部，所以要避免眼睛疲勞或肩膀僵硬。具體上，每天要做眼睛的按摩或膀子後仰的體操，並且施行五分鐘的冥想數次。

這時候，如果有念頭要浮出時，要很快的一開一閉眼睛或咬合上下顎牙齒。意識最好是輕輕的集中在眼球或整個肩膀。其主要的目的，是要把集中過來的能量散發掉。如果意識集中在這些地方，反而感到更嚴重，也可以集中在下腹或腳底。

此外，還有一種能夠很快的治好頭腦不清楚的呼吸法。從鼻子發出聲音，急促的吐氣。下腹隨之用力的凹入。接著以相同的方法，從鼻子急促的吸氣。呼和吸的比例大約相同，以很短的間隔連續施行。你不妨想一想　馬拉松時的呼吸法，像要把腦中的東西隨著呼吸一起吐出來比較有效。這大約施行十～二十分鐘。

精神上討厭讀書是和性格有關，如果想要用冥想法來治療比較困難，不妨使用下列的方法。

每一個人都有其嗜好，例如，喜歡唱歌的人，很容易記住歌星的名字或歌名；喜歡棒球、籃球的人也是一樣。換言之，對於自己所關心的事，不必強迫自然而然的即能夠記住。

利用這個原理，任何東西也能夠簡單的記住。具體上，要觀察自己究竟是以什麼方式來記憶自己所喜歡的事。或許你已經知道那種方式，就是不斷的重複或集中非常強烈的意識在其上面。

對那個人而言，這種模式是最適當的讀書方法，但也可以利用在其他的方面。因為，自己沒有意識到的行動，對於那個人而言，是為了解決某種事情的最適當方法，所以可以大大的加以利用。

對人的潛能很重要的，大部分是在自己不知不覺所採取的行動之中。因此，意識到這些東西並加以利用，是變成優秀者的秘訣。在冥想時，這些部分可以看得很清楚，因此，很鼓勵大家來施行。

刺探人心的方法

對初學冥想的人而言，這件事並不容易。但若是由那個人的表情或身體的行動來知道其內心狀態，就可以很簡單的知道。如果對方徹底的保持無表情面孔，你就無法知道其內心的狀態。

此外，有些人的內心狀態和表面的行動會表裏不一，所以要稍加注意。對於這種人，如果不相當熟練，就無法知道其真正的心。

這時候不妨觀察對方的眼睛。因為眼睛是不會騙人的。表情可怕但眼神慈祥的人，心地也一定很善良。相反的，表情很慈祥但眼神卻很冷酷的人，你就必須注意了。「眼睛是靈魂之窗」，這真是一句至理名言。但見過各式各樣的人之後，如果不相當習慣，還是無法正確的知道其內心的狀態。

如果多多少少了解對方的心理，最好能加以利用。因為對方一定不相信自己的心意會那麼容易就被猜到，所以大多會很大意。因此，不需花費太多的苦心就可以抓住對方真實的內心狀態。

關於氣的開發法，前面已經很詳細的說明過，所以這裏不再重複。

還不能完全的抓住氣，就無法了解對方的氣，只要好好的訓練感覺，雖然還不能完全的抓住氣，也可以知道對方的氣。其秘訣在於冥想法。尤其是遲緩型的冥想法比較適合。在冥想時，要閉著眼睛來意識自己的周圍。而且最好以整個身體來看某些東西的要領來施行。

起初並不會有什麼顯著的效果，但施行一個月之後，就會對各種東西敏感起來。和別人接觸時，也可以一邊談話一邊發動這種意識。這時候，你就可以了解何謂心口不一。

如果經過一個月以上還沒有任何改變，最好併用以手掌來感覺氣的訓練或強化下腹肌肉的訓練。如此一來，感覺一定會敏感起來。但與能夠完全抓住氣的人比較起來，這樣只能知道一小部分而已，還是必須再努力的開發氣。

能夠完全抓住氣的人，做起來實在很輕鬆。和對方接觸時，只要像打算看看那個人的氣一般集中意識即可。快者馬上可以知道，慢者也只需五～十分鐘，就會在自己的心中出現對方的內心狀態。除此之外，也可以知道其身體的狀態。例如，對方有生病的狀態，則在自己身體的相同部位也會出現。

那個狀態的具體情形，實在是非常驚人。對方的喜怒哀樂，會像是自己的事一般非常清楚的知道。

如果經常使用這種能力，整天之中，周圍人的心理或身體狀態都會輕易的出現在自己的身上，不小心時就會覺得怪怪的。由此意義看來，這種能力最好少用為妙。

超自然現象的接觸法

對於刺探人心的方法已經很習慣時，就會自動的感覺到奇怪的東西。簡言之，在那個人的內心深處某一個部分，會產生和表面的內心狀態完全不同的狀態。這大部分都是發自那個人的深層意識，但有時候和它完全無關。那麼，這究竟是從那裏發出來的呢?可能是從所謂的超自然現象發出來的。

這好像是心靈學所說的憑依靈，會使那個人做出各種事情。從氣的立場來說，發出和接受的雙方有相似的波動。

換言之，其精神狀態很相似。常言道，從一個人所交往的朋友，就可以知道其為人如何。同樣的，憑依靈也可以做到。

所謂的朋友，是指所擁有氣的波長相投合的人。憑依靈也是一樣，因為氣保持同步調才能維持下去。因此，若想具體的知道某一個人究竟附有怎樣的憑依靈，只要與他的二、三個朋友見面，就可以大致的了解。

這適合於初學者使用，如果是已經習慣的人，就不必如此，只要互相通氣就可以立刻知道憑依靈的狀態。

但雙重人格，究竟是由於那個人的深層意識，或由於超自然的現象產生的，實在很難區別。

為了確實的了解它，必須重視如下的感覺。

和對方見面時，會感覺到一種討厭的氣氛。在背部或腹部，感到一股寒氣，在背骨會感覺到像電流一般的東西上升。如果同時感覺到三者中的二個以上時，它是發自超自然現象的可能性就很高。如果三者都同時感覺到，就一定錯不了。

我開始學仙道而能使氣上升到頭部以後，也經常會感覺到超自然現象般的東西。說也奇怪，自從我能感覺到超自然現象以後，有不少人請我替他們取掉糾纏在其身上的東西，使我一時間都在忙於從事大法師的工作。

我也曾經有過好幾次不可思議的體驗，但令我難堪的是，從別人身上趕走的憑依靈，竟然都移到我的身上。

這使我覺得身體的狀況怪怪的，晚上也睡不著，對我的修行有負面的影響，所以不久我就洗手不幹了。最近，憑依靈不再出現，是因為我已經能控制氣的關係。

以前我在從事大法師般的工作時，有一位記者對這一方面非常感興趣，所以我就教他和超自然現象接觸的方法，結果使他感到很難應付。

因為他經常會跑到意外事故的現場、自殺者的家庭、墳場等，去確認那種體驗。當他感覺身體或心的狀態怪怪時，就要求我替他解決。至今，我已經替他趕走許多各式各樣的東西。

他目前仍然繼續在累積這種體驗，對於超自然現象已經變得很敏感，並且經常把自己的感覺實實在在的傳達給我。

使超自然現象出現的方法如下。

一是，瞪著眼睛注視對方的眼睛。二是，舉起手掌前後移動。以像被某種東西拉住一般的要領來移動。這時候，如果手掌沒有出現氣就無效，必須要集中意識讓雙手的手掌發生氣。

出現後想要使它消失時，就要將手掌朝向對方，像要把氣壓回去一般。或是把雙手的手掌朝向對方做交互的移動也可以。

這種出現或消失的方法，除了對人之外，也可以使用於場所。但像從我或那位記者的體驗來看也可以知道一樣，經常施行，對精神或肉體都會有不良的影響。因此，除非必要最好不要施行。

此外，經常和宗教人士接觸比較能夠磨練靈感，所以不必勉強的禁止。

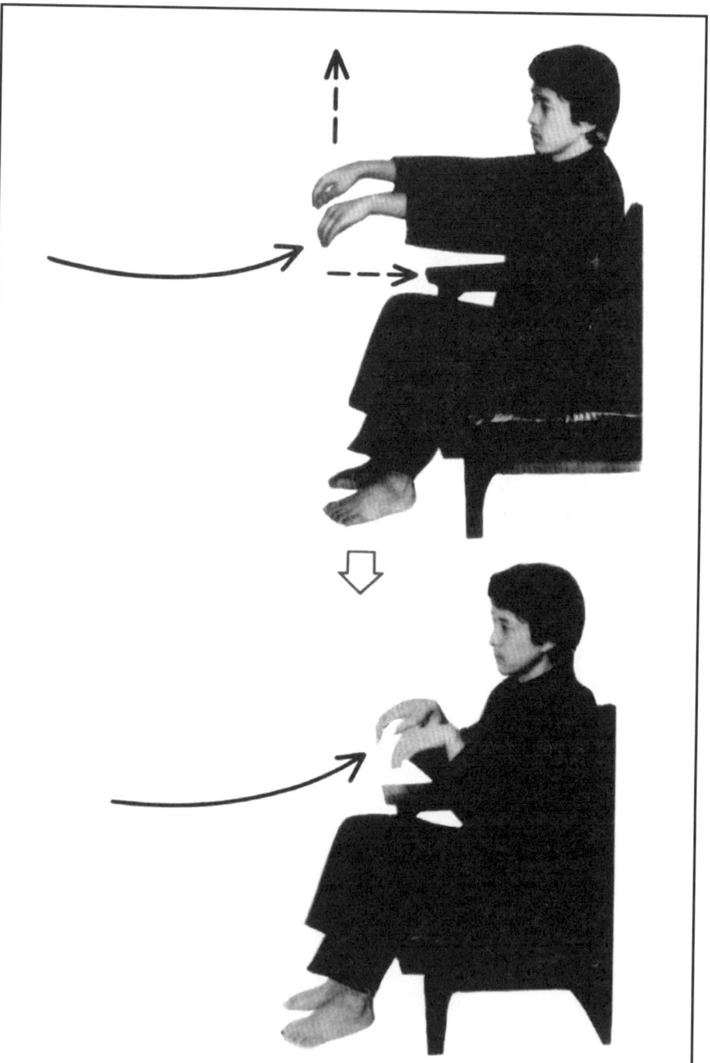

將氣吸引過來

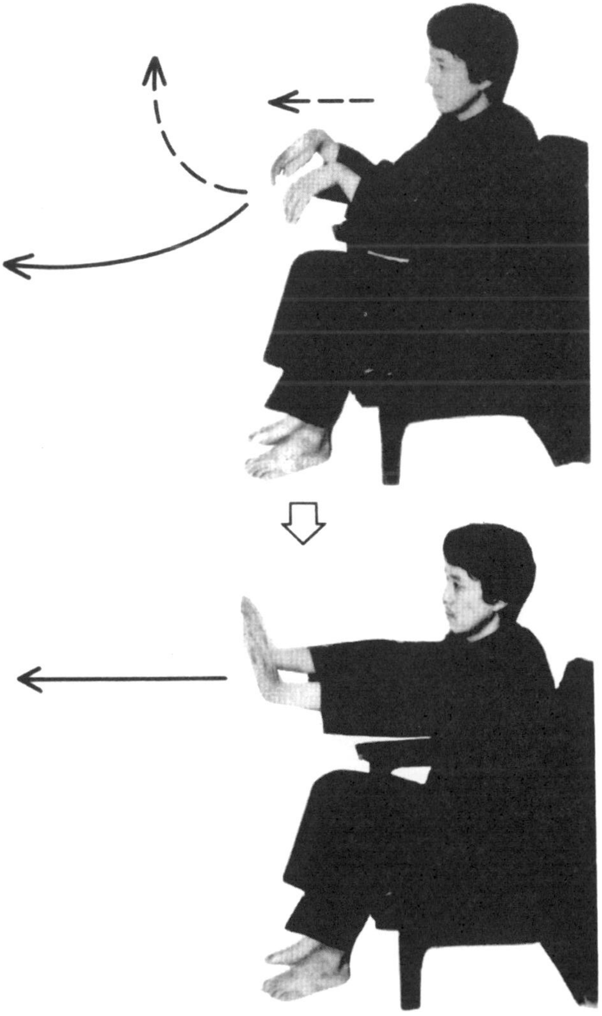

將氣傳送出去

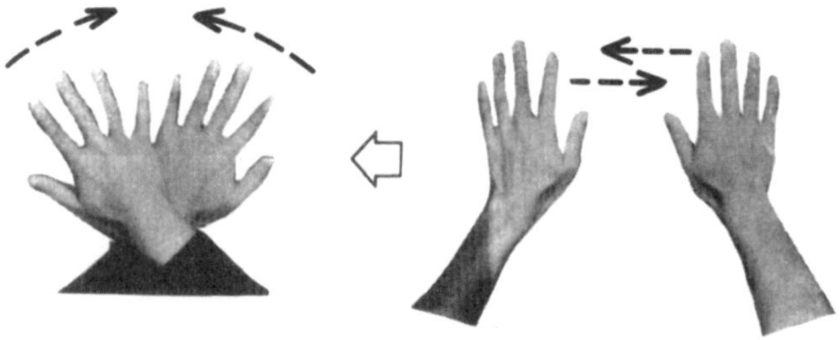

用手切討厭的氣

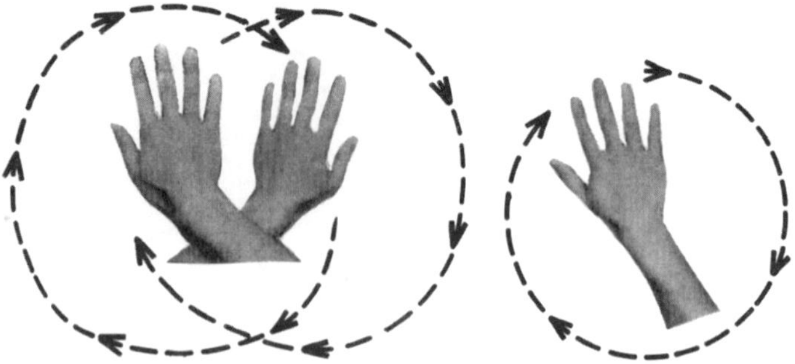

歡迎至本公司購買書籍

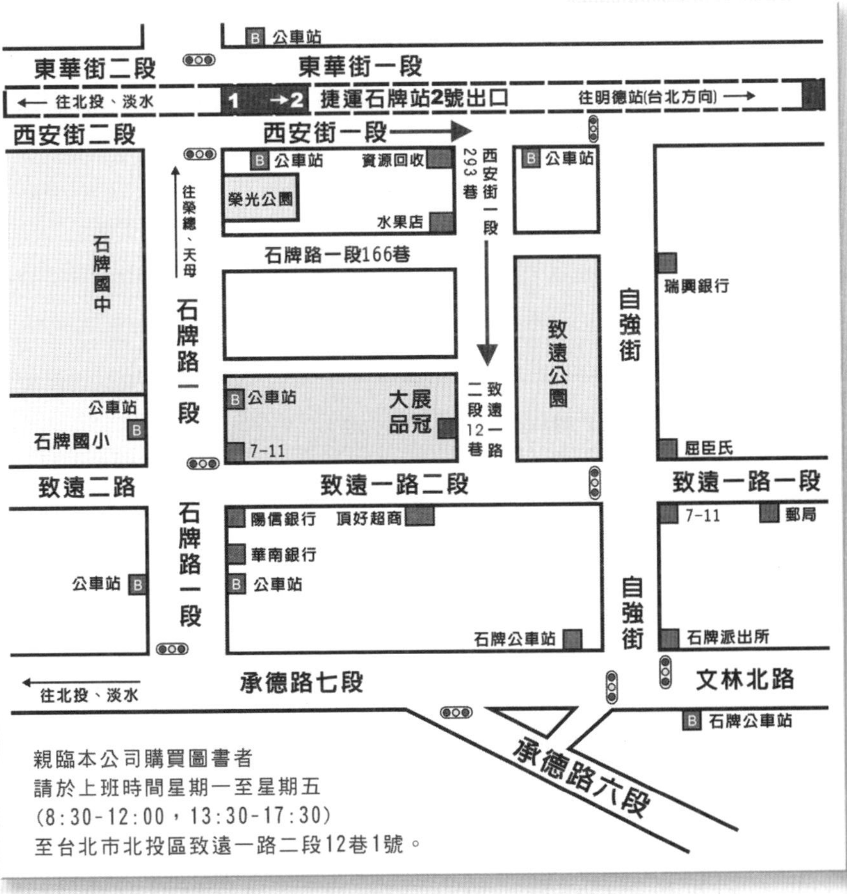

建議路線

1.搭乘捷運

淡水信義線石牌站下車，由月台上二號出口出站，二號出口出站後靠右邊，沿著捷運高架往台北方向走(往明德站方向)，其街名為西安街，約80公尺後至西安街一段293巷進入(巷口有一公車站牌，站名為自強街口，勿超過紅綠燈)，再步行約200公尺可達本公司，本公司面對致遠公園。

2.自行開車或騎車

由承德路接石牌路，看到陽信銀行右轉，此條即為致遠一路二段，在遇到自強街(紅綠燈)前的巷子左轉，即可看到本公司招牌。

國家圖書館出版品預行編目資料

仙道冥想法：潛在意識與心的開發／鐘文訓編譯；陸明整理
——初版——臺北市，品冠文化，2013[民102.12]
面；21公分——（壽世養生；13）
ISBN 978-957-468-994-1（平裝）
1.CST: 道教修鍊
235.2　　102022023

仙道冥想法：潛在意識與心的開發

編譯者／鐘　文　訓
整　　理／陸　　　明
發行人／蔡　孟　甫
出版者／品冠文化出版社
社　　址／台北市北投區（石牌）致遠一路2段12巷1號
電　　話／(02) 28233123・28236031・28236033
傳　　真／(02) 28272069
郵政劃撥／19346241
網　　址／www.dah-jaan.com.tw
E-mail ／service@dah-jaan.com.tw
登記證／北市建一字第227242號
承印者／傳興印刷有限公司
裝　　訂／佳昇興業有限公司
排版者／千兵企業有限公司
初版1刷／2013年（民102）12月
初版4刷／2022年（民111） 7月　　定　價／220元

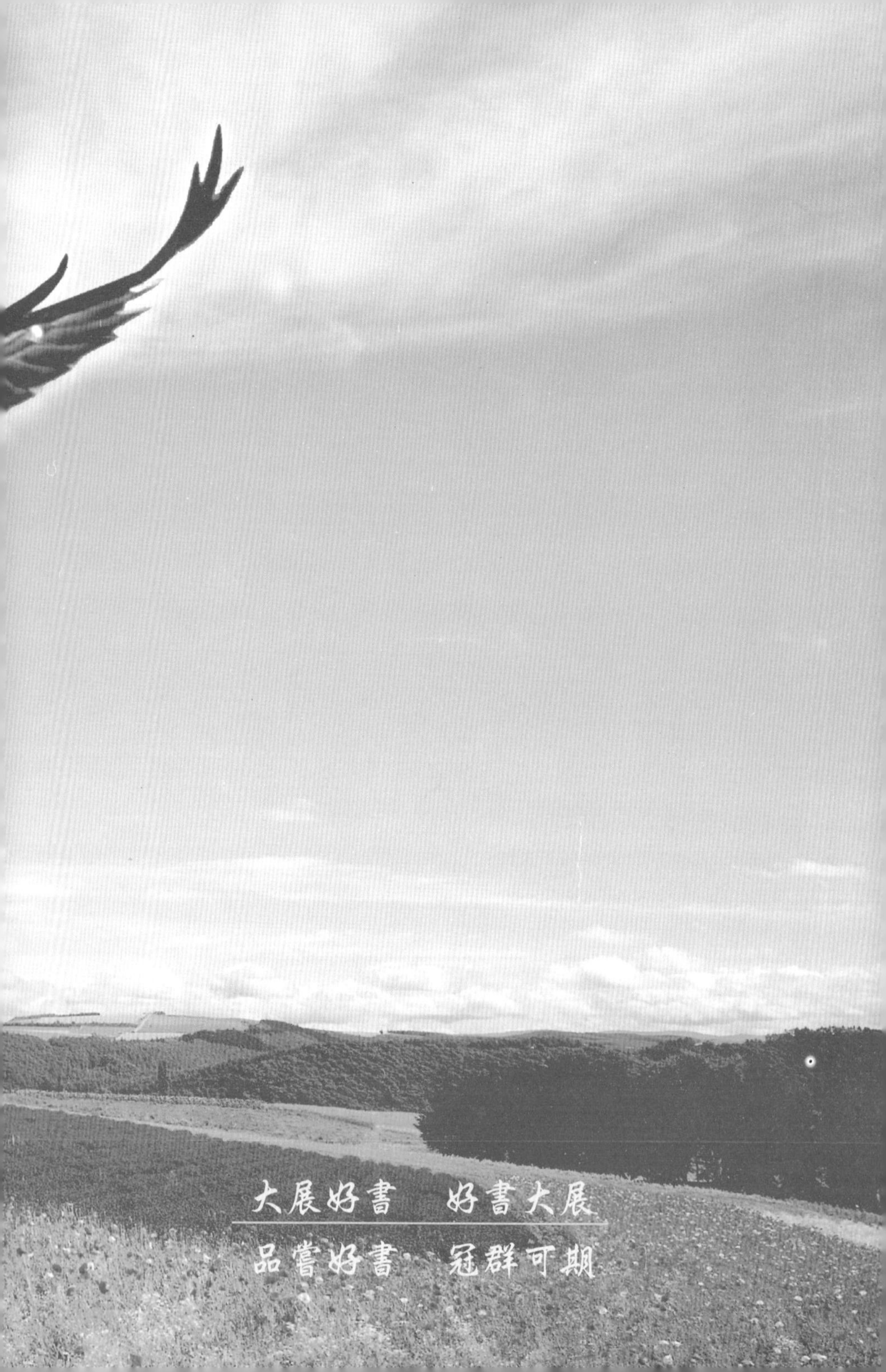

大展好書　好書大展
品嘗好書　冠群可期

大展好書　好書大展
品嘗好書　冠群可期